新羅神社と古代の日本

出羽弘明

同成社

まえがき

本書は今から十二年前に同成社から刊行した『新羅の神々と古代日本』に収めた内容を見直し、加筆・補訂を行い、その後に訪ね歩いた神社の中からいくつかを新たに収録したものである。記述の一部は重複しているものもあるが、神社訪問の経緯を考え、そのままにした。書名も改めた。

滋賀県大津市にある天台宗寺門派の総本山三井寺（園城寺）は平安時代後期、後三年の役で活躍した源氏の武将源新羅三郎義光（甲斐源氏や佐竹氏の祖）とゆかりの深い寺として知られるが、その守護神は「新羅大明神」、社殿を「新羅善神堂」（国法）、別名「新羅神社」という。神社の起源に関しては諸説あるが、いずれも古代朝鮮半島に存在した新羅国との関係を示唆している。三井寺は渡来氏族との関係が深く、いわゆる新羅系の天皇と言われる「天武天皇」勅額の寺であるにもかかわらず、この寺の前身が百済系氏族と言われる大友村主氏の氏寺であったと伝えられている（新羅が百済や高句麗を滅ぼし半島を統一した六七六年は、わが国では律令制の基礎を築いた天武天皇が政権の座にいた）。

私が新羅神社に興味を持ったのは、今から三十数年前、この三井寺の長吏（最高責任者）の、知遇を得た折、「当山の新羅神社と同じ名称の神社が全国にあるので調べてみてはどうか」との教示を受けたことによる。それから全国の新羅神社を訪ねその由来や祭祀した氏族などを調べた。今までに三十八の都道府県を歩いた。

二十一世紀の今日なお、古代朝鮮半島の三国時代に存在した「新羅」「百済」「高麗」など古代朝鮮の国名を冠した神社が各地に存在している。それらの神社がなぜ千数百年もの長い年月にわたって祀られてきたのであろうか。これらの神社は、はるか古代に半島から渡来した人びとがその地に国邑を作り、祭祀を行った痕跡であることはまちがいない。渡来系の神社を調べてみると、三国の中でも新羅の神は群を抜いて多い。これは新羅国が古代の日本と特別のつながりがあったためであろう。事実、古代（律令国家以前）日本（当時日本という名称はない）の創成期に三国時代の新羅国の人びとはわが国の政治や文化に多くの影響を与えている。この古代の歴史を遺す貴重な資料をできうる限り訪ね、それらの神社の由緒や地名、古伝承などを調べることによって、私なりに、日本の古代史に近づきたい、との思いが本書をまとめた動機である。古代史に関心を持つ方がたに興味ある情報を提供できれば幸いである。

なお本書に記した情報は訪問時の記録なので、いわゆる平成の大合併等により地名が前著とまったく変わってしまった箇所も多い。わかる限り現地名に改め、あるいは（）で現地名を示すようにしたが、不充分であることはご容赦いただきたい。また面談者の肩書き氏名等も訪問時のものであることをお断りしておく。

平成二十八年四月

著者

目次

新羅神社と古代の日本

序章　新羅の神あまねく

1　新羅国と新羅神社

新羅国は「三韓の時代に辰韓一二カ国の一つで慶州平野にあった斯盧《しろ・さろ》国（斯羅《しろ・さろ》国）が紀元一世紀後半に隣接の諸小国家をあわせ連盟体的国家を形成した」（金両基監修『韓国の歴史』ほか）と言われる。新羅《しんら》国の建国は紀元前五七年。楽浪郡などの地にあった衛《えい》氏朝鮮（前一〇八滅）からの移住民が作っていた六村の村長に、卵から生まれたとされる朴赫居世《ぼくかくきょせい》が擁立された時である。国号は「徐那伐」（そやぶる・じょなばつ）と称した。国号の「徐那伐」は「徐《そ》」の国のふる（都邑）を意味し、「那《や》」は羅や耶《な》と同じで「国土」である。

『三国史記』に、第十五代基臨《きりん》王の時（三〇七）国号を新羅《しんら》に戻したという記載があるので、新羅という名称は三〇七年より前に使われていたようである。新羅が古代国家として体制を整えたのは奈勿《なこつ》王の三五六年とされ、以来九三五年まで続いた。百済は三四六年の近肖古王即位の時、加羅（伽耶）は弁韓十二カ国が母体となって成立したと言われる。狗耶《くや》韓国などはすでに三世紀からあった。倭国の国家体制が整ったのも四世紀頃であろう。

韓国では今でも三国時代の地域間の対立が残っていると言われる。『三国史記』などによれば、高句麗、百済は扶餘族であるが新羅は元々辰国あるいは馬韓の一部であり、秦国の亡命者や、倭人と接していた韓族である。一方、馬韓は夫余（扶余・扶餘）族により滅亡し百済国となったことが遠因であろうか。日本の古代においても、百済系の大王と新羅系の大王（天皇）は異なった扱いである。

「新羅神社」は渡来の新羅の人々がその居住地に祖先を祭った祠（祖神廟）であり、新羅人が居住した集落の氏神である。したがって新羅神社の由緒を調べることが、古代に渡来した新羅の人々の居住地や痕跡を辿ることになった。新羅神社は、ほぼ全国にわたって存在しているが、本書では全国の新羅神社を便宜的に「渡来系」と「源氏系」に分けた。「渡来系」とは文字通り新羅から移住した人々が氏族の祖神を祭った神社であり、「源氏系」とは、三井寺の新羅神社の神前で元服し、「新羅三郎《しんら》」を名乗った源氏の武将源《みなもと》義光《よしみつ》に由緒をもつものである。したがって、渡来系のそれよりは新しく、ルーツは三井寺の新羅神社である。各地にある神社の中には両者の要素を兼ねている神社もある。それらは創祀が渡来系、保護したのは源氏となっている。さらに、三井寺の宗祖智証大師円珍に係わる神社もある。しかし、渡来系の要素を持つ各地の「渡来系」の新羅神社は必ずしも三井寺のそれとは関係していない。それでも、三井寺の神社は最も古い社の一つである。

2　新羅神の渡来の分布

東南アジアの地図をひろげ、東を上にして見ると、日本海は朝鮮半島や大陸の内海であり、日本列島はそれを覆う弧のようである。大陸や半島と日本は同一地域圏であることがはっきりとわかる。新羅神社の分布は、日本海側の地域が多い。朝鮮半島から対馬、北九州を経て出雲、丹波、若狭、越前、能登、越後、信濃などに入植した人々が祭ったものであろう。いわゆる日本海ルートである。もう一つの大きな渡来のルートは、対馬、北九州を経て瀬戸内海沿岸の地方や、難波、摂津、河内、大和、山城などに入植した人々、さらに静岡、東京、埼玉などに入植した太平洋沿岸ルート、また、対馬、北九州から熊本、鹿児島地方へ入植した人々のルートもあった。もちろん、対馬を経ないで直接日本海沿岸地方に渡来したり、各ルートの混合もあった。これらの地方にはいずれも新羅からの渡来した人々が居住した新羅の集落（小国）があり、祖神を祭った痕跡がある。日本海には朝鮮半島の東を南下するリマン海流が対馬付近で対馬海流と合流し、山陰や日本海沿岸に沿って北上している。古代にはこの海流を利用して大陸や朝鮮半島から多くの文化がもたらされた。現在でも若狭湾や丹後半島などの海岸には、ハングル文字のペットボトル、箱、浮き輪などの漂着物がたくさん見られる。

3　新羅を表わす神社名と地名の変化

渡来系の神社とそれを祭る人々は、古代から現代までの千数百年の間に、神祇制度や政治、社会の状況によりさまざまな影響を受けてきた。

新羅神社の呼称は「しんら」と「しらぎ」が混在しており、表記や発音も「白城」、「白木」、「白鬼」、「信露貴」、「志木」、「白井」、「白石」、「白鬚」、「白子」、「白浜」、「白磯」などに変化している。なかには渡来系の神社であることを社号から全く消し、「気多《けた》」「気比《けひ》」「出石《いずし》」などと呼ばれているものもある。祭神も同様で、当初の神を抹消したり加神したりしている。また『記紀』の神話の神を同座させる操作も行なわれてきた。社号と祭神をともに変えたり、他の神社に合祀したものなどさまざまである。さらに、過去の記録で所在が確認される社で現在は不明のものもある。

「名称が異なっている」神社の中で特に判別しにくいのは、白鬚《しらひげ》神社である。この神社は高麗系、百済系など諸説あるがいずれも史的裏づけに乏しい。私は新羅系と考えるが、「白鬚神社」については、その地方に住んだ人々、伝承、地名、周囲に在る神社、史跡等により新羅の神と判断できるものについては新羅神として採り上げた。

神社と同様に、新羅に因む地名も変化している。全国に多く存在する白木という地名のほとんどは、古代に新羅であったものの転訛である。したがって古くは新羅人の居住区であった。北は岩手県から福井県、石川県、三重県、大阪府、広島県、福岡県、熊本県など広く見られる。地名の変遷の一例として、福井県今庄町（現南越前町今庄）は『福井県南条郡誌』によれば、この地域は元々新羅系の人々が居住して地名も新羅と称されていたが、新羅→白城→今城→今庄と変わってきたという。また町を流れる「日野川」もかつては、「新羅川」、「信露貴川」あるいは「叔羅《しらき》川」と呼ばれたが、次第に「白鬼女川」、「白姫《しらき》川」などと表記が変わってきたという。埼玉県和光市や新座市にも同様のことが見られる。武蔵国に「新羅郡」が設置されたのは天平宝字二年（七五八）であるが、その後平安時代に「新座郡」に改め、その後「爾比久良《にいくら》郡」、「新座郷」、「新倉郷」、「志木郷」、「白子郷」などと変化してきた。現在の和光市にある白子川もかつては新羅川であった。これらの地名の変化は当然、神社名にも反映されている。

石川県小松市の小松も「高麗津」に由来するという。同市の白江町は、かつては石川県能美郡白木村であり、明治二十四年に園江村、四十年に白江村と改称された。対馬の白江も同じ。

4　新羅神社の成り立ち

『記紀』神話に最初に登場する外国は新羅である。即ち、素戔嗚命《すさのおのみこと》と新羅の曽戸茂梨《そしもり》の説話である。古代の国家創世の時代には新羅と特別な関係があったのであろうか。新羅神社の由緒を調べていると、『記紀』の記載は日本各地に伝わる神々の伝承に時間と地域を複雑に組み合わせて作ったものであることがわかる。同じ氏族の神でも地方により名称が異なっている。当然のことながら古代の信仰は自然信仰であり、山や巨岩を神として祭っていた。太陽、火、水や海なども信仰の対象であったが、祖神を祭るようになって廟ができた。新羅神社は新羅の人々の祖神廟であった。新羅の神の社《やしろ》の名称は比較的新しく五〜七世紀頃と思われる。

稲作と金属の技術は半島から伝来した。最初は銅の技術を持った人々が先住の人々とともに文化を造り、その後半島から同族の鉄の文化を持った海人族（新羅系）や天孫族の渡来があった（弥生時代）。百

新羅神社（三井寺）

済系の人々や高麗系の人々の渡来もあった。すでに縄文時代から同族の渡来が何回もあり日本で土着していた。これらの人々は海神や綿津見神、あるいは大山祇神（国津神）となっている。縄文時代の文化はアイヌ（蝦夷）民族の文化ともいわれ、全国にある手長神社、足長神社等はこれを祭るものである。『紀』の神武天皇の条に登場する長髄彦《ながすねびこ》（長い脛を持つ男）や土蜘蛛《つちぐも》（背丈が短く手足が長い）などは古い渡来、または土着といわれる人々である。

5　素戔嗚命の渡来

三井寺の新羅神社の祭神は素戔嗚命《すさのおのみこと》である。日本の各地には素戔嗚命やその子神がたくさん祭られている。素戔嗚命は新羅神社以外でも祭られている。これは、特に平安時代以降、素戔嗚命が仏教との習合で牛頭《ごず》天王ともいわれ韓半島から渡来した人々の共通の神となっていくためである。大阪府八尾市の許麻《こま》神社、枚方市の百済王神社なども牛頭天王を祭っている。しかし、最も古いと思われる新羅神社についていえば、素戔嗚命を祭っていたのは新羅系の人々である。そして素戔嗚命を祭った神社の数の多さは渡来系の人々が如何に多かったかを物語っている。

素戔嗚命について、姫路市の広峯神社の説明に「素戔嗚命は武塔《むとう》天神、天道神、武大神、新羅国明神、白国明神、白国大明神、兵主《ひょうず》神、牛頭王の異名を持つ。薬師如来の転身である」とある。三井寺の『寺門伝記補録』や、丹波の溝谷《みぞたに》神社の説明ではさらに多くの名称が挙げられている。『出雲国風土記』には「神須佐能袁命《すさのおのみこと》の国を須佐と定めた」とあり神を冠している。藤貞幹『衝口発』は新羅第二代の王、南解《なんかい》次次雄《じじゆう》と素戔嗚命とは古音相通ずとし、「辰韓は秦の亡人にして、素戔嗚命は辰韓の主なり」と述べている。水野祐『入門・古風土記』は「素戔嗚命は新羅から出雲へ移動してきた移住者集団が奉祀していた神である。古くは出雲や隠岐など日本海沿岸では須佐袁・須佐乎・須佐雄・荒雄・雀雄というような字音をもって表す『スサヲ』の神という神の信仰があった。さらに新羅第二代の王の『次次雄《じじゆう》』は『スサング』と同義語で巫《ふ》を意味する」と説明している。

新羅明神像（重文・三井寺蔵）

次次雄の時代は紀元四～二四年であるので、素戔嗚命はその頃の神であろうか。李炳銑『日本古代地名の研究』に、須佐は「城を意味し城主である男尊である」、そして「須佐之男命は刺国大神ともいい、刺は借訓で須佐と同じ意味である」とある。素戔嗚命は子神の五十猛命《いそたけ・いたけるのみこと》とともに新羅に降り、曽尸茂《そしも》梨《り》（新羅の首都）に住んだが、そこにいることを望まず出雲国の鳥上山《とりかみやま》に到ったといわれているので『紀』に記載の渡来神の中では渡来が最も古い。天孫瓊瓊杵命《ににぎのみこと》の降臨より古い。素戔嗚命は新羅の神（人）なのか、加耶あるいは倭人なのかはっきりしないが、半島と倭国を自由に往来していたようである。

各地の神々を調べてみると『記紀』に記載の神の系譜は素戔嗚命に係わる系譜に集約されてしまう。古代の新羅の神の渡来とは素戔嗚命に代表される一族が対馬や筑紫地方を経由して渡来し、日本海沿岸地方をはじめ各地を開拓していったということである。その後、都怒我阿羅斯等《つぬがあらしと》命の日本海沿岸地方への渡来があり、天日槍《あめのひぼこ》命は筑紫を経て瀬戸内海から、淀川を遡り近江を経由し若狭から但馬に到り出石神社の神となっている。また素戔嗚命の一族（新羅系の人々）は筑紫から熊本や鹿児島にも入植している。『記紀』神話の中心は素戔嗚命に係わる系譜の神々（人々）である。このことは古代日本の国家創造に携わった人々が新羅系の人々であったということを意味する。天照大神を祭る皇大神宮の成立は文武天皇二年（六九八）のことで、それ以前は伊勢大神と言われる地方の地主神であった（筑紫申真『アマテラスの誕生』）。素戔嗚命を中心とする新羅の神は数多くの神社名や神社の祭神、集落名や地名として現存している。天照大神は天照大日霊女《おおひるめ》命であり、太陽や日を祭る巫女《みこ》、日霊女《ひるめ》であった。

祭政一致の古代においては、神社は、国家（国邑）であり都であった（律令制下の神祇政策）。古代の神宮・神社というのは祭祀の場でありかつ地域の政治の中心地であった。古代の王は巫祝《ふしゅく》王といわれ、『魏志』「東夷伝」の夫餘国の条に、「舊《もと》の夫餘の俗、水旱《すいかん》（大水と日照り）調はず、五穀熟せざるときは、すなわち咎めを王に帰す」とある。

これは、『記紀』神話記載の、置戸《おきど》を背負わされ鬚を切られ、手足の爪をも抜かれて追放された素戔嗚命の姿とダブる。古代の王の姿である。『記紀』の中には天皇が困難に当たり神託を得ている場面が多く出てくる。神社が集落や国の中心地であったと思われる例は、静岡県小笠郡菊川町（現菊川市）に政所・御門・大屋敷・月岡（月を眺めたところ）・五百済などの地名がある。福井県の旧今庄町にも宮内・宮上・宮の前・天皇谷・舞台などの地名が残っている。

6　天孫族は新羅の神

『記紀』によれば、初代天皇の神武は三人の兄を持っていた。長男の彦五瀬命《ひこいつせのみこと》は神武東征中に死亡する。次男の稲飯命《いなひのみこと》は『新撰姓氏録』に、新良貴《しらき》氏は「彦波瀲武鵜葺草不合命《ひこなぎさたけうがやふきあえずのみこと》の男である稲飯命の後なり。これ新羅に出ず。即ち国主なり。稲飯命は新羅国に出て、王は祖合す」とある。兄が新羅人であれば、弟の神武も新羅人ということになる。この新良貴氏の祖稲飯命は敦賀市にある信露貴彦《しろきひこ》神や同じ敦賀市の白《しら》城《き》神、若狭の若狭彦の神となっている。鵜葺草葺不合命が祭られる鹿児島県姶良《あいら》郡は、十六世紀頃まで始《し》良《ら》（新羅）郡といわれた。三男の三毛入野命《みけいりのみこと》は北九州香春町の「現人神社《あらひとじんじゃ》」拝殿に掲げてある説明に「新羅に渡り新羅王となり、帰国して都怒我阿羅斯等《つぬがあらしと》となった」とあるので神武天皇の兄は二人とも新羅人である。また、対馬や筑豊地方の伝承を調べてみると『記紀』にある天照大神の子孫神武天皇や祖父の「彦火火出見命《ひこほほでみのみこと》」、父の「鵜葺草葺不合命《うがやふきあえずのみこと》」は、素戔嗚命《すさのおのみこと》の子神であることがわかる。素戔嗚命の子神「五十猛命《いそたけ・いたけるのみこと》」は「鵜葺草葺不合命」や「安曇《あずみ》の磯良《いそら》」と同一神である。さらに天孫降臨の伝承は『記紀』の筑紫の日向《ひむか》以外にもたくさん存在する。

第一章　渡来の新羅神

渡来は縄文の時代から何回となく行なわれているが、『紀』が記載している最初の渡来神は新羅の神で、最も早く渡来文化を吸収した出雲国と結びつけている。律令制の確立とともに古い豪族とその系譜の抹消や新しい渡来の人々に対する圧迫がみられる。持統天皇五年（六九一）八月の条に、十八の氏（大三輪《おおみわ》・石上《いそのかみ》・春日・上毛野《かみつけの》・大伴・紀伊・平群《へぐり》・佐伯・采女《うねめ》・穂積《ほづみ》・阿曇《あずみ》等）の系図や先祖の墓記を没収している。また、元明天皇和銅元年（七〇八）にも禁書を差し出すように命じている。桓武天皇の延暦十年（七九一）九月の「太政官符」には「伊勢・尾張・近江・美濃・紀伊・越前・若狭などの国々の人民が、牛を殺して漢神を祭るを禁ず」とあり、延暦二十年にも同様な禁止令が出ている。牛を殺して天を祭るのは大陸や半島から伝来したものである（『魏志』にみられる）。さらに、北畠親房は『神皇正統記』の中で、「昔、日本は三韓と同種なり、と云事のありし、かの書をば、桓武の御世にやきすてられしなり」と伝えている。ちなみに、桓武天皇は百済系の天皇（『続日本紀』）で、天智天皇の子孫である。

第一節　環日本海文化圏

古代の北部九州と朝鮮半島の南部は同一の文化圏であった。出雲や若狭、丹後、越なども同じ文化圏に属した。半島から日本に渡来する経路の中で最も多く使われたのは対馬→筑紫→出雲、あるいは対馬→筑紫→瀬戸内海の経路である。最も早くから半島と交流があったのは、対馬を含む九州地方であったことは、『魏志』の記述をみてもわかる。当時の北部九州を含む日本海地方と朝鮮半島が同一の文化圏で連合国家を形成していたことは、例えば『宋書』に次の記載がある。「太祖の元嘉二年、…讃死して弟珍立つ。使を遣わして貢献し、自ら使持節《しじせつ》都督《ととく》倭《やまと》・百済・新羅・任那・秦韓《しんかん》・慕韓《ぼかん》六国諸軍事、安東大将軍、倭国王と称し、表して…求む」。太祖元嘉二年は四二五年のことである。紀元前後頃から四百年代後半頃まではこのような状態が続いた。朝鮮半島を含むこれらの国々は同一の大きな文化圏で容易に往来が可能であったようである。

1　対馬の新羅神社

対馬と朝鮮半島との距離は日本とのそれよりも短い。朝鮮に近い北側を上県《かみあがた》、日本に近い南を下県《しもあがた》という。上県から釜山が見える。対馬には多くの古伝承や神社がある。李炳銑『日本古代地名の研究』は「対馬」の名称は韓国語の古代形の借訓で「城邑」を意味する「加羅《から》」または「韓《から》」と同じ意味で同じ語形の表記であるという。さらに『塵袋』の記述に「凡は対馬の島は昔新羅国と同じていの所なりけり。人の姿もその所の土産もありとあるもの、きけい皆新羅に異ならず」とある。李氏の調査によれば対馬における素戔嗚尊と子神等を祀る神社五十余座という。対馬の厳原《いづはら》港には「国境の島」と書かれた看板があるが、対馬は中国の『魏志』に「對海国」として登場しており、古代には国境の島ではなく半島を含めた文化圏の中の一国であった。対馬には新羅の文化が、神社や地名、山、川などに多く残っている。

私が対馬の新羅神社（白木神社）を知ったのは、旧厳原町《いづはら》（現対馬市）発行（平成九年）の『厳原町誌』口絵の「文化八年（一八一一）対州接鮮旅館図にみる厳原府中図」（国立公文書館蔵）のカラー写真、および『厳原町誌』付図「対州接旅館図」である。府中図（当時の厳原は府中と称された）には、現在の厳原港の南側の岬の内海、湊の東側の小高い山（白木山）の上に「白木大明神」と書かれた社殿と手前の低い山の上に鳥居が描かれている。さらに府中湊（厳原港）の西側の久田浜（久田浦、今は厳原港の一部）の入江の奥に集落があり、その南側の山裾に白木大明神の社殿と鳥居が描かれている。現在の厳原港を挟んで東西に白木大明神があったのである。厳原は朝鮮の『海東諸国紀』（一四七一）に「古于浦《こう》」と記載され、『津島紀略』には「与良。往古は耶良《やら》という」とある。博多湾の能古島にも也良岬がある。対馬には素戔嗚命やその一族、彦火火出見命《ひこほほでみのみこと》と豊玉毘売命《とよたまひめのみこと》および神功皇后《じんぐうこうごう》に係わる伝承が非常に多いが天日槍《あめのひぼこ》や都怒我阿羅斯等《つぬがあらしと》に係わる伝承はみられない。

厳原の白木神社の鳥居と白木山

厳原《いづはら》の白木神社

旧厳原町東里《ひがしさと》は古くは白木村の耶良であった。耶良は「やら」であるが「なら」でもある。「なら」は那羅であり奈良でもある。「なら」は韓語で「国」を意味する。東里には鶴舞山、白木山などがあるが、鶴舞という地名は筑紫の博多にもあり、いずれも海と関連している。厳原港東岸に白木神社の大きな石の明神鳥居が残っているが、鳥居の周囲には灌木が一面に茂り鳥居には近づけない。社殿のあった白木山は削られ、病院などの施設が建っている。神社は白木村字白木、白木山（白磯《しらき》山）の麓にあった。『日本古代地名の研究』によれば、白木山、白磯《しらき》山の表記は日本語の借訓で新羅山を表記したものであり、新羅人の集落があったことがわかると説明している。白木神社の祭神は白木大明神の素戔嗚命である。白木大明神は文化六年（一八〇九）の『津島紀事』（明治以前の唯一の郷土誌・藤原家文書ともいわれる）に「志良《しら》石社」「白《しら》磯《き》神社」としてその名が見える。志良石は白石で白磯は白木・新羅である。貞享二年（一六八五）の『対州神社誌』にも白木神社は祭神・白木大明神、御神体は御幣、瓦葺の拝殿、さはら葺の本殿を持ち西向きである。そして天正八年（一五八〇）以降は同年に他界した対馬国主宗義純を祭神とし祟り神であると記載している。厳原西里、有明山の麓からは弥生時代後期の広形銅矛が発見されている。白木神社の隣にある立亀岩は文字通り「立神」であり、この一帯が祭祀の場であったことを示している。西九州の港に多く見られる磐座で古代の祭祀場である。巨岩の背後に志賀大明神（安曇族の神）を合祀の住吉神社がある。

対馬の各地にある新羅系の神社の調査は「対馬郷土研究会」監査委員の故・高雄武保氏が案内してくれた。

天神神社に合祀された白木神社

郷土史家、日野氏の話によると幼少の頃には立亀岩の近くにあった白木神社へ皆でよく参拝に行き、祭りも賑やかであったが、明治に厳原町中村にある厳原八幡宮神社の境内社の天神神社に合祀されてしまったという。八幡宮は正面に大きな石の鳥居があり、背後にある清水山の麓に三つの大きな社殿と鳥居が並んでいる。正面の社は「宇努刀《うのと》神社」（祭神素戔嗚命）。その左隣に「天神神社」の鳥居、拝殿と流造の本殿がある。案内板は「祭神は安徳天皇。貞治元年（一三六二）菅公を加祭」とあり、白木神社の説明はないが『八幡宮由緒署記』に「天神神社」合祀の神社として「白磯《しらぎ》神社」など旧町内神社四社が記載されている。対馬にある天神神社の祭神は菅原道真ではない。『厳原町誌』に記載の二つの天神神社の祭神は、

「彦火火出見命《ひこほほでみのみこと》」（山幸彦、饒速日命《にぎはやひのみこと》）である。『神社明細帳』の記述も同じである。したがって八幡宮に祭られている天神神社についても、対馬に残る遺跡、伝承等から考えると、当然、「彦火火出見命と豊玉姫」が祭神であろう。加えて、後述するように当神社の造営に天武天皇が係わっていたことを考慮すると、新羅系の神であることは一層明らかである。

素戔鳴命を祭る宇努刀神社

宇努刀《うのと》神社（祇園社とも言う）は八幡神社の境内の中央に鎮座しているので、位置からするとこの神社が主祭神である。祭神は須佐男命《すさのおのみこと》。神功皇后が上県の佐賀村に祭ったといわれる式内社である。延徳三年（一四九一）にこの八幡宮に遷座したという。『改訂對馬島誌』に「素戔鳴命は本土より韓地への往復に本島を通過した。その遺蹟と伝ふる地、豊崎村（現対馬市）、峰村（現対馬市峰村）志多賀の神山等あり。また本島処々に同尊を祭れる神社少なからず。孝霊天皇四五年、素戔鳴命の神霊、韓国より本島に還御し、古来久しく峰村佐賀に『宇努刀神』として祭り延徳三年国府八幡宮の前に移し祇園殿と称え明治維新後旧号に復した」とある。また、『改訂對馬島誌』には「欽明天皇元年本島の素戔鳴命の神霊を分かち尾張国海部郡津島に祭る」とある。三重県の津島神社の由緒書にも「神霊を津島より迎え古は正一位津島牛頭天王社と称したり。即ち同一神なり」とある。

対馬には素戔鳴命、彦火火出見命、豊玉姫命など海神を祭る神社が多い。古い海人族の島であった。

厳原八幡宮は海人神社

八幡宮は境内の右側にある。神社発行の『八幡宮由緒畧記』に祭神は神功皇后、仲哀天皇、応神天皇、姫大神、武内宿禰、由緒は「神功皇后が新羅征伐の凱旋の時に下県郡与良の地、今の厳原に着き清水山を叡覧しこの山は神霊の止まりぬべき山なりと宣い巌上に鏡と幣帛を置き、永く異国の寇を守り給えと祈り給い…、因って天武天皇白鳳四年の勅により同六年此の地に宮殿を造らしめた…」とある。

この社は、元々は下県の名神大社「和多都美神社」で海神宮であったものが、神仏習合により八幡大菩薩が入り、下津八幡宮となったもので、明治四年に厳原和多都美神社の古名に復し、明治二十三年に厳原八幡宮に改めた。したがって元の社名は和多都美神社、祭神は豊玉姫命と彦火火出見命であろう。『改訂對馬島誌』には宇佐八幡宮も対馬より勧請されたとある。すなわち「欽明天皇三十一年（五七〇）本島八幡の神霊を分かち豊前国宇佐にまつる。ご神体は幡なり」と記述されている。八幡神もこちらが本家であろうか。

久田の白木神社は津島神社

白木神社は厳原港の西南の久田浦にある。「厳原の南の方に久田の地名がありこれを字で白子という。この地名は sira-ki（新羅）と同系の地名で、sira は『新羅』である。この白子は賀谷と横浦の間の白子浦や白子崎、浅茅湾の竹敷、上島の唐洲にもある。このような地名の分布は新羅の人々が漸次その勢力を拡大したものである」（李炳銑『日本古代地名の研究』）。この神社は現在「志々岐《しじき》神社」と言われ向山の麓、運河の淵にある。社殿は高台にある。神社の正面、港のはるか前方に白木山が見える。

この神社は『對州神社誌』によれば、「祭神 豊玉姫命、天忍人命《あめのおしひと》、十城別王命《としろわけ》。由緒 豊玉姫命は海神《わたつみ》豊玉彦命の御子なり。旧号竈郡津神社なり仲哀天皇の御弟十城別王を合殿してより志々岐《しじき》神社と称す。豊玉姫命葺不合命を産み給う時箒を以って厄を除き祓い平産を祈り給いし故事に由る。又船を守る神也。古より国主の建立せられし神社なり」(『神社明細帳』も同じ)。『津島紀事』には「旧号竈郡の津の社の祭神は豊玉姫命と天忍人命の二神。神体石蓋。掃守連《かしもりのむらじ》の遠祖天忍人命が箒を作りて平産を祈った故事による」とある。したがってこの神社の元の名は「津神社」であり、すなわち対馬(津島)神社であったた。「古代の津国は新羅国を指した」(李炳銑『日本古代地名の研究』)ので、この神社名は新羅神社ということになる。鈴木棠三『対馬の神道』、『大小神社帳』、『大帳』もほぼ同じ説明である。この神社は「産生と船を守る神也」とある。

久田浦には早くから半島の造船に係る技術が伝わり海人族が活躍していた。対馬と海洋民族とのつながりは古く、特に志賀海人、安曇海人とのつながりが深い。久田の志々岐神社は素戔嗚命、五十猛命を境内社に祭っているというから、新羅との係わりを遺している。また李炳銑氏は『任那国と対馬』で「対馬は新羅国である」と言い、『山家要略記』(天台僧顕真撰之書)に曰く、「対馬は高麗国の牧であり、新羅が居住した」と。この中にある「新羅住之」は、「新羅人が集団的に居住したことを意味する」と述べている。志志岐神社の「志志岐」は「サシキ」の異形態であり、「城」に由来し「シロキ」の転訛で元々は新羅城であり新羅であると説明している。この志々岐神社は『文化八年対州接鮮旅館図にみる厳原府中図』

には明瞭に白木大明神と描かれており李炳銑氏の説明を裏付けている。

曲《まがり》の白崎（新羅城）神社

阿須湾の小浦という集落にも志々岐神社（豊玉姫・十城別）がある。小浦には「シロキガワタ」という地名がある。「新羅人が耕作していた畑」を意味するという。「シロキ」は「新羅」で「ガ」は助詞で「ノ」、「ワタ」は畑である。阿須は古くは安曇《あずみ》浦といわれ神功皇后伝説がある。さらに阿須湾の東に曲《まがり》の集落がある。曲という地名は五島列島や長崎半島にもあり、いずれも古い海人《あま》の文化を遺している。『魏志』に「倭の水人はよく魚や鮑を採るために深くもぐる」と書かれているが、この曲浦には海女がいた。阿須湾に面して山住神社（大山祇命）がある。白崎《しらぎ》神社は対馬海峡（玄界灘）に面した鋭い大きな岩石が林立した山の麓で、社殿は切り立った崖の窪みの平らな場所にあったというが今は無い。古代祭祀の場所を思わせる跡地である。現在は神社跡の前面が防波堤である。この白崎《しらぎ》神社は新羅城神社であり祭神は素戔嗚命であろう。神社の跡地の岩石群は新羅の第三十代文武《ぶんぶ》王（六六一～六八一）の海中陵に似ており、神社の祠も慶州南道の方向を向いていたという。文武王は新羅が半島を統一するために一生を捧げ、死後も海上から新羅を護るため、海中に陵を造らせたと『三国遺事』は記している。陵は慶州の東の海岸にある。

鵜葺草葺不合命は五十猛命（磯良）と同一神

『改訂對馬島誌』に「対馬には所々に天孫族の神を祭れる古社あり。其の中には天孫族通過の遺蹟を祭れるものあるべし。神代に於て、天孫族最初の首都は上県郡佐護の地ならんとの説あり。この佐護の地は古くから新羅の人々が住んでいたといわれている」。さらに、「天穂日命（天照の子神）の子、天日神命《あめのひすみたまのみこと》對島の県主になり、小船越の地に府をおきたまえり。阿麻氏留《あまてる》神社は其の遺蹟なりと伝ふ。天日神命は出雲系なれば当時、出雲朝の勢力本島に及び居りしならん」など、多くの伝承、伝説が記載されている。さらに、最初に国を造った人々は海人族であったこと、あるいは素戔嗚命は倭人（半島の倭か）であったこと、彦火火出見の一族は筑紫国に住んでいたこと、等々である。

下県郡豊玉村仁位（現対馬市豊玉町仁位）に和多都美《わたづみ》神社がある。海神神社の一の宮である。この神社は満潮時に社殿の前まで海水が満ちる。その様子は龍宮を思わせる神秘的なものであり龍宮伝説で有名。上古、海神の豊玉彦尊がこの地に宮殿を造り「海宮《わたづみのみや》」と名づけた。そして、彦火火出見尊と豊玉姫命が暮らしたこの地を「夫姫《おとひめ》」といい（「和多津美神社」説明板）、社殿の近くには豊玉姫命の岩陵、豊玉彦尊の墳墓がある。「地神第四代彦火火見尊、筑紫を脱して海神《わたつみ》国たる本島に渡来し、豊玉姫命と婚し、彦波瀲武鵜葺草葺不合命を挙げ、去って筑紫に還り給えり」（『改訂對馬島誌』）。これらの伝承や遺蹟をみると、「海幸彦、山幸彦」の伝説は対馬で生まれた可能性が強い。社前の渚に聖なる霊石がある。「磯良恵比須《いそらえびす》」といわれる磐座である。この霊石は原初の神体石あるいは古代の祭祀が行なわれた霊座であるといわれている。磯良恵比寿は渚の中に祭られ三角形の鳥居で守られている。神功皇后の三韓征伐の時の水先案内は、常陸国の海底で寝ていた阿曇《あずみ》の磯良といわれているが、筑前国には阿曇海人がいたので、本当は対馬の磯良《いそら》だったのであろう。

この磯良のことを「磯武良《いそたける》」と記録した例がある。豊玉姫命の御子の名は彦波瀲武《ひこなぎさたけ》鸕葺草不合命であるが「彦」は美称、「波瀲武《なぎさたけ》」は「渚に猛る」ことであるので「磯武良」を「イソタケル」と訓めば「なぎさのたける」と同義となる。それはまた「五十猛」でもある。天照の子孫の鸕葺草葺不合命《うがやふきあえず》と素戔嗚命の子神は同一神ということになる。磯良は新羅の男の意になる。さらに「鸕葺草葺不合」という名は海人の産屋の民俗を表現したもので、当神社の神官「長岡家」が産屋に箒を奉るのも産屋の習俗と関係があったという。『古事記』は鸕葺草葺不合命を天津日高日子波限建鸕草葺不合尊と表現している。天津日高は天津神（天神）の形容詞で、「日子」は日神の子を意味する。したがってこの名前の中には天神と海神の両者の要素が示されている。また鸕葺草《うがや》は半島の加耶諸国の一つ大加耶《うがや》（高霊）ともいわれる。和多津美神社の祭祀の草創期は弥生時代。祭神も在来の伝説からすれば豊玉毘売と磯良である。磯良は鸕葺草不合の別称である（永留久恵『倭の水人とそのルーツ』、岡田啓助『対馬の信仰と説話の研究』、谷川健一『日本の神々』ほか）。

鶏知の住吉神社

美津島町（現対馬市）東南に鶏知《けち》という集落がある。鶏知《けち》の中心を鶏知本川が流れている。この川は地図で見ると前記の名称であるが、現地で見ると「白江川《しらえ》」である。橋は「白江橋」である。私が訪ねた

「黒瀬の観音堂」の新羅仏

時、工事の人が橋の標識を取り外しており、古い標識板を見せてくれた。「白江橋」。新しい標識は「しらえばし」。いずれ語源がわからなくなる。白江川の背後に白江山があり、白江山の麓に「住吉神社」がある。「白江」はシラエであり「斯羅・斯盧の江」である。また「斯羅」は慶州の「徐羅伐」「徐羅」の異表示であり、白江は新羅であり新羅の首都と同じことになる。鶏知の北、浅茅湾に面して「白連江《しれえ》」「白連江崎」「白連江鼻」「白連江山」などの地名がある。同じく新羅の転訛の「白子」という地名もある。浅茅湾に面した「黒瀬の観音堂」には八世紀の新羅の如来像がある。金銅仏で「女神《おんなかみ》さま」として信仰されている。鶏知の白江にある住吉神社の祭神は鵜葺草葺不合命、豊玉姫、玉依姫である。この祭神は本州にある住吉神社と異なる。対馬の住吉神社はすべてこの社と同じ祭神である。大阪の住吉神社には境内社として大和多都美の大海《だいかい》神社（おおわたつみ）がある。

白鬚神社を合祀の海神神社

上県の峰町三根湾の近くに木坂（現対馬市峰町木坂）という集落がある。ここに「海神神社《かいじんじんじゃ》」がある。この神社は「白鬚大明神」を合祀している。『對州神社誌』に「白鬚《しらひげ》大明神に鋒三本あり」と記載されている。鋒は矛のことである。海神神社の祭神は主神豊玉姫命、配神が彦火火出見命、鵜葺草葺不合命、宗《むな》像《かた》神、道主貴《ちぬしのむち》神である。式内社の和多都美御子神社が上津八幡宮（神功皇后の旗八流を納めた八幡本宮）となり、明治四年に海神《わたつみ》に変更された。現在は「かいじん」と称している。当社には神宮寺として「弥勒堂」があったといわれ、焼失した跡が発見されている（豊前の宇佐八幡にも弥勒寺があった）。当社のご神体の八幡神は二体あるが木造で顔がわからなくなっている。また当社には八世紀の新羅の銅造阿弥陀仏の立像がある。当社で祭る白鬚神は新羅神であったであろう。この木坂には産屋が残っている。産土《うぶすな》と言われる如く産屋には砂が敷かれている。この風習は半島や大陸から伝わったものである。海神の正体は『紀』では龍または鰐である。『日本古代地名の研究』によれば、海神（和多都美）の語源は「わた」は海、「都」は助詞で「の」、「美」は龍蛇である（慶州道の方言）。『記紀』の神話に載る「鰐・龍蛇」は半島や大陸の文化である。

新羅や加羅に隣接の対馬

対馬は『魏志』に「至對海国」とあり、紀元前後頃には海外でも知られていた。しかし「居る所絶島、方可四百余戸里、土地は山険しく深林多し、道路は禽獣の径の如し、良田なく、海物を食して自活し、船に乗りて南北に市糴《してき》す」とある。米や野菜が採れなかったため、朝鮮半島に頼らざるを得なかった苦しい歴史を持つ。また、島主であった宗氏《そうし》は、元は惟宗《これむね》氏（秦氏の一族か）であったが、朝鮮との関係から惟の字を除き朝鮮風の宗氏に変えている。嘉吉三年（一四四三）宗氏が李朝の世宗に「臣節をつとめ、ただ命これ従わん」と上奏したことを根拠に、昭和二十三年八月、李承晩大統領から対馬の返還を要求されている。対馬は古代から続く歴史の狭間で苦難の歴史を体験している。現存する新羅使節殉難の碑はその中の一つである。

> 新羅国使　毛麻利叱
> 　　　　　朴堤上公　殉国之碑

『紀』の神功皇后五年春の条に、新羅王が毛麻利叱智《もまりしち》ら三人の使いを派遣し先に神功皇后が人質として連れてきた新羅の王子微叱己知波珍干岐《みしこちはとりかんき》（『三国遺事』は美海王子）を取り返すために嘘を言って新羅に帰そうとしたので葛城襲津彦を付けて送らせた。一行が対馬の「鉏海水門《さびのうみのみなと》」に泊まった時に新羅使らが密かに計り王子を船に乗せて逃れさせた。そのために襲津彦は怒って新羅使等を焼き殺したと記している。神功皇后五年は『書紀』の年号で言えば二〇五年に当たるが、応神の在世年代は三七五年に没した百済の肖古王の時代に当たるといわれているので神功皇后は四世紀中頃のことになる。新羅の王子の話は『新羅本紀』には四一八年、『三国遺事』には四二五年の記事にあるので応神天皇の頃である。この話は

『新羅本紀』などに加え、『紀』にも記載があるので史実であるといわれている。対馬の鉏海水門《さびのうみのみなと》については所説があるが、豊玉毘売が鵜葺草葺不合命を出産したところとも、神功皇后が応神天皇を出産したところともいわれている。

2　筑豊の新羅神社

(1)　彦火火出見命や鵜葺草葺不合命がいた筑紫

九州には、白木の地名が多い。これは新羅から来た人々の居住を示すものであり、新羅の転訛である。白木神社の白木も「新羅来」あるいは「新羅」の転訛である。先の対馬の伝承の中に「彦火火出見命（山幸彦）が筑紫から対馬の豊玉姫の居所（龍宮）を訪れて結婚し、鵜葺草葺不合命を産んだ」、「素戔嗚命が韓国との往来の際に何度も対馬を通過した」などがあった。それらの伝承をみると、素戔嗚命とその一族は筑紫地方を一つの根拠地としていたようである。

天孫瓊瓊杵命《ににぎのみこと》の降臨の地は彦火火出見命や鵜葺草葺不合命が住んでいた筑紫地方という。『宋史』（十四世紀）に次のような記載がある。「日本国は本の倭奴国なり。…その年代紀に記する所にいう、初めの主は天御中主と号す。次は…次は伊弉諾尊、次は素戔嗚命、次は天照大神、…次は彦瀲尊、およそ二十三世、みな筑紫の日向宮に都した。彦瀲の第四子を神武天皇と号し…」。中国では、日本の古代の神武以前の統治者が筑紫にいたと伝えられていたことがわかる。また、『紀』には伊弉諾尊が筑紫の日向の川の橘で禊をして住吉神社の神と安曇連の祭神を生んだと記載がある。福岡（筑前）の博多湾の北に金印で有名な志賀島、南に糸島半島がある。筑紫地方には「五十猛命《いそたけ》」などを祭神とした白木（新羅）神社が糸島半島とその後背地に五社ある。

白木神社のほかにも新羅の神を祭った神社が一社、そのほかに新羅と係わりのある神社が二社ある。糸島半島の東側に唐泊崎（唐泊港）がある。博多湾から玄界灘に出る最北の港である。古くは韓泊、韓亭とも書かれた。『万葉集』に「韓亭能許《からどまりのこ》の浦…」と歌われている。韓《から》は加羅または加耶でもある。今は宮浦という。唐泊には大歳大神、素戔嗚命、大市姫命（大山津見の女神で素戔嗚命の妻となり大歳神をもうける）などを祭る大歳神社がある（当社の創祀年代は不明。縁起に素戔嗚命が新羅から帰った際に一時ここに留まり住んだとある）。

(2)　五十猛命を祭った白木神社

糸島半島にある白木神社は、神社の所在や祭神については判明しているが、創建や由来などについては文献がなく不詳なものが多い。

福岡市西区の白木神社

神社は西区西浦岡町（現西区西浦）にある玄界灘に面した港町。唐泊崎の西側。西浦漁港の背後の妙見山という小高い丘の上に拝殿と幣殿、本殿がある。石造の建物。石の大きな鳥居の扁額は「白木宮」であ

糸島半島にある二見ヶ浦（伊勢と同じ）

る。拝殿に「白木神社」の額。祭神は五十猛命（素戔嗚命ともいわれる）。古くからの当地の産土神。社殿はいずれも玄界灘の壱岐、対馬の方向を向いており海の守り神であることがわかる。祭日の十月十五日は「留守の宮日」という。

草場の白木神社

西浦港の南西の二見ヶ浦（伊勢の二見ヶ浦と同じ姿で日の出の遥拝所）を通り南に下る。草場は半島内陸部の田園地帯。神社は台風で境内地が崩れ、今は集落の奥の山麓に移されている。鳥居に「白木神社」の扁額。当神社の祭神も五十猛命である。境内の説明板に「古老伝記、村民曰く昔柑子岳あるいは草場城とも云う。城主臼杵氏（大友宗麟の一族）軍神と尊崇したが、永禄初当山中、立野に勧請、守護神とした。…文化五年、村民協議して当所（字前）に改築、草場区四十有戸の産神となす。…平成六年現在地に移座」。『糸島郡誌』は「古老の伝説によれば、東草場城に臼杵氏居城せし時、その山中立野に在りしが落城の後、今の地、字前に移せるなり」とある。記録は一五〇〇年代のものであるが、この地は半島や大陸からの入口に当たる場所であり、当社は産土神として古代から存在していたと考えられる。

野北の白木神社

神社は、糸島半島の西の野北（現糸島市志摩野北）にある。神社は野北漁港の背後の山（彦山）裾にあるが、境内は浜辺の砂地である。社殿は小さな一間社流造の本殿。本殿の左右にさらに小さな祠が三社並んでいる。右の社殿の御神体は大きな石。神社の背後は円墳のような丘と山。風化した鳥居の扁額に「白木宮」の文字。白木神社の祭神は素戔嗚命、五十猛命、櫛稲田姫命。『糸島郡誌』は「白木神社は浦の西字妙見にあり浦中の産神なり」と記す。

集落の入口には須賀神社（祭神素戔嗚命、櫛稲田姫命、大己貴命、五十猛命ほか）がある。祭日はいずれの白木神社も同じ日である。

王丸の白木神社

糸島半島の後背地である前原市（現福岡県糸島市）は東から南にかけて周囲を高祖山《たかすやま》、飯盛山、日向《ひなた》峠《とうげ》、王丸（韓国）山、背振山などの山々に囲まれている。王丸山の麓に王丸の集落がある。白木神社は王丸山裾の王丸上にある。森の中の鳥居や石段の上の鳥居のいずれにも「白木神社」の扁額が見える。拝

白木神社であった前原市の潤神社

殿、幣殿、一間社流造の本殿を持つ。祭神は五十猛命。拝殿に由緒書があるが風化して読めない。なお当地には須賀神社（祭神素戔嗚命）もある。

前原市の白木神社（潤《うる》神社）

神社は志登支石墓群の西南、旧前原市潤三丁目にある。潤公園の一角。社地は高台。大きな石の鳥居と神社名を刻んだ石柱。石段の上の拝殿と本殿は切妻の覆屋の中。神社の説明板に「祭神・五十猛命、伊弉冊尊、宗像三柱大神、住吉三大神。元は白木神社といったが明治四十年十一月十二日に鐘撞《かねつき》に在った七社神社を合併し、明治四一年に潤神社と改める」とある。元々の祭神は五十猛命で白木神社。『糸島郡誌』も同様の記載。鐘撞の地は当社と同じ潤にある。伊都国の南にある高祖山の近くには鐘撞山がある。

(3) 彦火火出見命の家族を祭る神社

糸島半島とその後背地には彦火火出見命（饒速日命《にぎはやひのみこと》）とその一族を祭る神社が集まっている。このあたりに王国があったのであろう（怡土国であろうか）。

彦火火出見命の妃神を祭る神社

彦火火出見命は素戔嗚命の子神、饒速日命のことである。糸島半島に可也山《かやさん》がある。糸島富士、筑紫富士と言われる。これは加耶国の加耶山の転訛で、可也山の麓に加布里、加布羅などの地名がある。いずれも加羅（加耶）と係わりがある。加布里の近くに神在という地名もある。旧前原市の「志登《しと》」には雷山川を挟んで志登神社（式内社）と志登支石墓群がある。神社と墓が一体となっている。神社の説明に「弥生時代には、この周辺は、入江が東西から割り込み、伊都国《いとこく》の港を形成していた。祭神は日本神話によれば海神国より帰って、この地に上陸されたという日向二代の妃、豊玉姫命であり、社殿は西方を向いており、昔は海上から参拝するようになっていた。糸島半島は古代には島であった」。対馬の伝説には「彦火火出見命は筑紫から対馬の龍宮へ渡りまた戻った」とある。ここが怡土国であろうか。『糸島郡誌』にも神社と同じ解説がある。志登神社は対馬と同様、古くは海神の豊玉姫と彦火火出見命を祭っていたが、後に神功皇后などが入ってきたものであろう。この地が朝鮮半島と密接であったことは志登支石墓群の甕棺墓と磨製石鏃からも説明される。

彦火火出見命の母神を祭る神社

志登支石墓群の南。神社は三雲にある。このあたりが古代伊都国（怡土《いと》国）の中心部と言われている。細石《さざれいし》神社は御神体が小石であるところからついた名称という。神社の説明がある。「伊都国の中心部で、祭神は磐長姫と妹木花開耶姫《このはなさくやひめ》（日向第一代瓊瓊杵命《ににぎのみこと》の妃）の二柱。…付近の遺跡、伊都国王墓・南小路遺跡（紀元前一世紀の王墓と王妃墓）・鑓遺跡（紀元一世紀の墳墓）」。木花開耶姫は地神、大山津見命の子神であり天孫瓊瓊杵命の妃となり海幸彦、山幸彦（彦火火出見）、火須勢理命の三柱を産む。神社は怡土城と高祖《たかす》神社の方向を向いており、鳥居と参道はまっすぐに怡土城に向かっている。したがってこの神社は伊都国王との係わりが強く、怡土城を見守っている感じがする。現在の祭神は瓊瓊杵命の妃であるが、彦火火出見命と豊玉毘売命、鵜葺草葺不合命とその妃神等を祭っていた可能性が強い。

怡土城の高祖神社

高祖山の西麓、怡土城跡の一角に石の鳥居と古い大きな社殿がある。神社は西の唐津湾を向いている。説明板がある。「高祖神社（史跡怡土城内）。この社の創立は定かでないが、貝原益軒の『続風土記』では、中世の頃、『怡土の一の宮』として中座に日向二代の神、彦火火出見尊を、右座に神功皇后（息長《おきなが》足姫《たらしひめ》）、左座に日向三代の玉依姫を祭る」。『糸島郡誌』には高祖とは歴世の帝王の祖の意味であると記されている。伊都国は天日槍《あめのひぼこ》とその末裔の縁が深い。神功皇后は「三韓の事が終わって還る日に、ここで子が生まれて欲しい」（『紀』『風土記』）と祈った。そして、応神紀に「天皇は筑紫の蚊田で生まれた」と記載がある。怡土郡長野村蚊田は旧前原市長野とされ、宇美八幡宮（祭神天日槍・神功皇后）がある。

この神社の祭神は、時代により混乱がある。元々は天日槍とその妻比売許曽《ひめこそ》を祭った神社で、江戸時代までは「高磯比咩《たかすひめ》神社」（『筑前国続風土記』）である。祭神は高磯比咩すなわち赤留比売《あかるひめ》である。別名を比売許曽の神という。比売許曽の許曽は「社」で、比売は女性を意味する。赤留比売は天日槍の妃である。高祖神社の高祖楽に磯良舞がある。海神の舞である。祭神が海人族であったことがわかる。『筑前国続風土記』の怡土《いと》郡の条には「怡土の県主等《あがたぬしら》が祖《おや》、五十跡手《いとて》が常緑樹の枝に玉飾りと、白銅《ますみ》の鏡と、十《とつ》握剣《かのつるぎ》を掛けて仲哀天皇に献じて、高麗《こま》の国の意呂《おろ》山に天より降り来し日桙《ひぼこ》の末裔、五十跡手《いとて》とは私のことです」とある。高祖神社の神前に大きな白銅鏡がついた石の台がある。高麗は新羅の間違いであるが、この記事は天日槍の子孫がこの地を治めてきたことを意味している。天日槍については、渡来の時期を『紀』は「垂仁天皇の時」、『記』は応神天皇の条に「昔」、『播磨国風土記』は「神代」と記している。いずれも新羅の王子としている。また五十跡手と五十猛は同系統の氏族である。天日槍についても諸説あるが新羅から矛や剣、鏡、玉などを持った太陽を信仰する集団の渡来を象徴しているものであるといわれる。神社に係わる伝承からすると天日槍と彦火火出見命は同一神であり怡土国の王だったのであろうか。

(4)　天孫族の根拠地は怡土国（伊都国）か

糸島半島の白木神社の祭神は五十猛命が多いが、由緒が不詳ということからすると、五十跡手《いとて》なのかもしれない。九州の中でも北部九州は紀元前後頃からいくつかの王国の存在が確認されている。特に、怡土

草場（糸島半島）の白木神社

国（伊都国）は奴国とともに、『魏志』に記載がある。「倭人は帯方の東南大海の中にあり…東南陸行五百里にして、伊都国に到る。…世々王あるも、皆女王国に統属す。郡使の往来常に駐まる所なり。東南奴国に至る百里。…常に伊都国に治す」。この中の伊都国は、怡土郡（糸島郡）に当たる。官はニキ（稲置）かヌシ（主）、県主といわれ、副はシマコ、イモコ、ヒホコ、日桙といわれる。奴国は那津で今の博多付近である。

この伊都国には新羅系の人々が居住していたので白木神社が祭られたのであろう。高祖山の南は背振山地である。日向《ひなた》峠の入口に大きな石碑があり「伊都の国日向峠」と書かれている。案内板に「これより伊都国／日向峠（古代名ヒュウガ、ヒムカイ）この峠は北西の平原遺跡によって千八百年前（弥生時代）からの古代名をもつ、日本神話を伝承する土地と考えられています。この峠から南西に韓国（王丸山）、北西は櫛触《くしふる》山、その先に高祖山といった神話の山々が連なり日向三代神話の源流となる処です」とある。日向峠からの遠望は玄界灘の沖まで見える大パノラマで、この地が高千穂の峰であることを感じさせる。

『記』の天孫降臨の条には「筑紫の日向の高千穂のくじふるたけに天降りましき。…此地は韓国《からくに》に向かい、笠紗《かささ》の御前《みさき》にまきとおりて、朝日のただす国、夕日の日照る国なり。故、此地はいとよき地と詔りたまいて…」とある。ここにある韓国とは、もちろん南朝鮮のことであり、天孫族の故郷である。したがって天孫族である朝鮮半島南部の人々、特に新羅、加羅、加耶などの人々が早くから北九州に渡来して、新しい居住地である高千穂の峰（高い山々）に自分たちの故郷の山々の名を付けたのであろう。櫛触山《くしふるやま》のフルは韓語で村を意味するので「くじの村」となり加羅にあった亀旨《くじ》と同じになる。

また高祖山や櫛触山などのある背振山地のセフリは韓語のソフリ、ソブルの転訛であり新羅の国号と同じ。おそらく、南朝鮮の新羅や加羅国などを中心に渡来の人々が高祖山とその山麓の怡土平野に王都を築き、鏡・剣・玉を宝器とする弥生文化が展開されたのであろう。平成十五年二月二十六日の『日本経済新聞』には、志摩町（現糸島市志摩）の「一の町遺跡」で弥生中期後半（一世紀）としては国内最大級の建物を含む大型建物群跡が見つかり、同町教育委員会が発表したという記事が掲載されていた。

3　豊前香春町は新羅の神々の郷

筑前の東の豊前にも新羅の神々がいる。豊前国田川郡香春《かわら》町には、新羅神社という名の社はないが、神が自ら「新羅の神」と宣言して鎮座している社がある。まさに新羅神の社である。さらに天日槍や加羅

（新羅）から渡来の都怒我阿羅斯等《つぬがあらしと》を祭る神社がある。香春町は京都《みやこ》郡の隣にある。香春は古代朝鮮語の「カパル」（嶮しいの意）。伊都国には新羅・加羅系の天日槍集団が従事した産鉄などの遺跡が今も残っているが、香春町も鉱山の町である。香春町の鉱山遺跡は「倭鍛冶《やまとかぬち》」が従事したといわれている。新羅系の秦氏族の技術集団が筑前の怡土郡（伊都）を経て豊前に入った跡であろう。豊前国は秦王国であった（大和岩雄『日本にあった朝鮮王国』ほか）といわれる。

天日槍に係わる説話を持つ地域は秦氏族の居住地とほぼ一致しているといわれ、但馬、播磨、摂津、淡路、近江、若狭、筑前、豊前等にわたる。倭鍛冶は、「神代記」に天香山の銅をとって「日矛」や「日の像の鏡」を造ったとされている。天日槍は『記』では天之日矛と記載されており、太陽を信仰し矛や鏡を持つ集団であった。『播磨国風土記』に播磨国飾磨郡の豊国村《とよくにむら》について「豊国村となづくる所以は、筑紫の豊国の神を祭る故」とある。これは豊前秦氏が祭った香春の新羅神を祭ったということである。

現人神社

香春町の中心、香春岳の三の岳の東麓に現人神社《あらひとがみしゃ》がある。「現人神《あらひとがみ》」は『紀』の景行天皇の条に日本《やまと》武尊《たけるのみこと》が「われは現人神《あらひとがみ》（天皇）の皇子」と言っている。神社は採銅所のある牛斬山裾の丘陵地にある。社殿は八幡造。「現人神社略縁起」の説明がある。「通称お申様。御祭神は、都怒我阿羅斯等《つぬがあらしと》命、原田五郎義種。第一座の大神は、意富加羅《おおから》国（大加羅国）の王子で垂仁天皇の時代に新羅の姫神（比咩語曽《ひめこそ》神）の跡を慕ってこの地に鎮座しました。第二座の大神は筑前三笠城主原田種直公一三代の子孫で香春岳城主でしたが永禄四年豊後大友義鎮に攻められ討ち死にしました。没後この国に疱瘡、疫痢が流行した時、神霊の『今より阿羅斯等神の許に鎮まり猿を使いとして万民を救う』のお告げがあり現人大神と合祀しました…」。阿羅斯等が現人となったのであろう。古くは都怒我阿羅斯等神社であろう。また城主を合祀した例は対馬（厳原）の白木神社にもあった。

神武天皇は新羅の人

現人神社殿の中に原田種直が記した「現人神社略縁起」が掲げてある。「現人大神は都怒我阿羅斯等の命なり。命は神倭磐余彦《かむやまといわれびこ》天皇（神武）の兄にましまして、新羅の国王となりました御毛入野《みけいりの》命である。命は磯城端籬宮《しきみずかきのみや》の御代（崇神天皇）比売神（比売許曽神、赤留姫命）を追い慕い参来たり、越後国笥飯《けひ》の浦にて泊まった。その人の額に冠を戴けるを、人々は見誤りて角と思い、額に角といいこの浦を角鹿と云い、その人を都怒我阿羅斯等（角がある貴人）といった。かの比売神は吾が豊国に至り、比売許曽神となった。また姫神を慕い追って来た阿羅斯等命もここ豊国に至り、この香春岳の麓に鎮まった云々。原田種直」。原田種直がなぜこのような記録を残したのであろうか（原田氏の一族は怡土郡高祖神社の再興をはかっている）。神武天皇の兄が神武より九代も後の崇神天皇の時に新羅から帰国したのでは時代が合わないが神武から開化天皇までが存在しなかったとすれば、話の辻褄はあう。さらに、『紀』垂仁天皇三年春三月の条に、新羅の王子天日槍、『記』応神天皇（誉田《ほむた》）の条に、新羅の国王の子、天之日矛《あめのひぼこ》が阿加流《あかる》比売《ひめ》（赤留比売命）を追いかけて難波に来たと記載がある。天日槍と都怒我阿羅斯等は同じ姫神を追ってきたことになる。天日槍は神功皇后（気長足姫《おきながたらしひめ》）の母方の祖である。

『新撰姓氏録』は天日槍は新羅国、都怒我阿羅斯等は任那国人と分けており各地の神社も別々になっているが、縁起書によれば、神武の兄「三毛入野《みけいりの》命」は新羅の王であり、日本に来て「都怒我阿羅斯等」と言われたとあるので、都怒我阿羅斯等は新羅王であった。一方、鵜葺草葺不合命の二男、稲飯命は『新撰姓氏録』に新良貴（新羅）氏の祖であり新羅の国主とある。三男の三毛入野命は『記紀』に海神の宮へいった、とあるがこの神社の伝えによれば、新羅に渡り新羅の王となり後に比売神を追い日本に来た。崇神天皇は御間城入彦《みまきいりびこ》と言われ、朝鮮半島の任那と深い係わりがある。天皇は阿羅斯等に自分の名をとり「お前の国の名にせよ」と言った（『紀』）とあるが真実は逆かもしれない。また神武の諱《いなみ》（実名）を『紀』は彦火火出見としている。さらに『紀』によれば都怒我阿羅斯等は穴門の国（長門国）でその国王と称する伊都都比古に留まるように言われたがそれを断り、出雲を経て越の国の笥飯の浦に着いたが、後にまた新羅国へ還っている。伊都都比古は伊都国の男の意味である。

天日槍の妃を祭る古宮八幡宮

現人神社から山裾に沿って香春《かわら》岳の方に進む。左手に「採銅所」の標識と祭場の建物があり、その前に古宮八幡宮がある。この神社は「高祖神社」と同様「天日槍」の妃神「赤留比売」、「比売許曽の神」を祭っている。かつて古宮八幡宮は豊比咩命《とよひめのみこと》神社といったが和銅二年以後、香春神社を新宮と言い、豊比咩命神社は古宮大神宮と称されるようになったという。古宮八幡が最初にあった阿蘇隅《あそくま》の森には「阿蘇隅遺跡」の碑と小さな祠がある。地元の人々は阿蘇隅様と呼んでいる。この社が香春岳の最古の社と言われている。「阿蘇」とは韓国語で朝日の出るところの意味であるという。「豊比咩」は「豊国の姫」であろう。豊国は韓国《からのくに》であり（兵庫県の新羅神社を参照）、この姫は韓国《からくに》の姫ということになる。現在の祭神は豊比咩命、神功皇后、応神天皇の三神。

清祀神社

香春岳三の岳の麓に清祀神社がある。清祀とは中国語で「清いまつりごとをする壮麗な家屋」という意味であり、この地は宇佐神宮に奉納した御神鏡鋳造の場所である（清祀殿の説明文）。

新羅の神と香春神社

香春神社の森の背後に香春岳がある。山頂は大きく削られ、中腹には石灰採取の大きなセメント工場がある。参道の石段の両側に石柱が並んでいる。中に「白木一郎」という名があった。拝殿は入母屋造。本殿は三間社流造。南向き。境内社も多い。説明がある。

「香春町大字香春下香春に鎮座。祭神。

一座、辛国息長大姫大目命《からくにおきながおおひめおおめのみこと》（神代、唐土の経営に渡られ給い崇神天皇の御代にご帰国、香春一の岳に鎮まり給う）。

二座、忍骨命《おしほねのみこと》（天照の第一の皇子で香春二の岳に鎮まり給う）。

三座、豊比咩命《とよひめのみこと》（神武天皇の外祖母。住吉大明神の御母にて三の岳に鎮まり給う）。当社は三柱の神を奉斎の宮処であり崇神天皇の御宇に創立。各神霊を香春岳の三ヶ所に奉祀せしが、和銅二年、一の岳の南麓に一社を築き三神を合祀し香春宮と尊称した」。

辛国息長大姫大目命を祀る社は古くは採銅所の「古宮」の地（阿蘇隅社）にあった。辛国とは韓国《からくに》のことであり新羅の銅の採掘、精錬の技術をもった氏族集団が息長大姫大目命を奉祀して、香春の地に定住し採掘に当たった。新羅は「加羅」「韓」「辛」などと表記されるので辛国息長大姫の辛国は新羅を指す。『新撰姓氏録』に大賀良と賀良姓は新羅国郎子王子之後也とある。香春神社の説明は崇神朝としているが、銅の文化は、弥生時代の初期に朝鮮半島南部から稲作を携えてきた人々が伝えたと言われるので、香春の神は紀元前のこととなる。香春神社の第三殿に祭られる豊比咩の神官は鶴賀氏と言われているが、第一殿、第二殿の神官赤染氏と鶴賀氏の両氏とも渡来系の氏族といわれる。香春神社の説明によると祭神の豊比咩命《とよひめのみこと》は、豊玉毘売（神武の外祖母）のことであるので、辛国息長大姫大目命というのは、崇神天皇の代に新羅から渡来した神としては、天日槍の妃（赤留比売、比売許曽神）しかいないのでこれであろう。古宮八幡の神と同じである。いずれにしても韓国（新羅）と係わりが深い女神が祭られていた。二座の忍骨命は天忍穂耳命（瓊瓊杵命の父神）としているが、これは一〜三岳に龍骨があったことの神格化である。龍や蛇は対馬でみたように海神であるので、この祭神は、古くは彦火火出見命であった可能性が強い。

香春町役場の前には「豊前国風土記逸文」の文章が書かれた石碑がある。「豊前の国の風土記に曰く、田河の郡。鹿春の郷、郡の東北のかたにあり。此の郷の中に河あり。…此の河の瀬清浄し。因りて清河原の村と号《なづ》けき。今鹿春の郷と謂ふは訛れるなり。昔者、新羅の国の神、自ら渡り到来りて、此の河原《かはら》に住みき。便即《すなわ》ち、名づけて鹿春の神と曰ふ。又、郷《さと》の北に峰あり。頂に沼あり。兼《また》、龍骨《たつほね》あり。第二の峯には銅并びに黄楊《つげ》、龍骨等あり…」。

4　丹波・丹後の新羅神社

この地方にも彦火火出見命や豊玉毘売命、あるいは天日槍や都怒我阿羅斯等など対馬や筑豊地方と同じ神々が祭られている。

丹波は古くは「たには」といわれたが、豊受大神（穀物神）が初めてこの国に鎮座して神饌米を供したことから田庭と書かれたという。古代の田庭国は丹後、丹波、若狭、但馬を含む大国で日本海を往来した海人族が大陸文明を取り入れて先進地域を形成していた。これを統治した首長は海部《あまべ》であり、海部は氏神豊受大神を祭祀し、漁撈・農耕・航海・機織・酒造等の優れた技術を持っていた。その海人族は九州の豊国とのつながりが強く、いくつかの共通した地名がある。都怒我阿羅斯等は穴門から敦賀に来て、豊前に行ったと言われる。いずれにしても、同一の氏族が広く居住していたのであろう。丹後の伊根町の漁師の家と同じ構造の家が豊後の海部郡にある。海部即ち海人族がともに往来していたことがわかる。

古代の「たには」国は大和国よりも古く、出雲に匹敵する王国であった。特に竹野川流域は古墳が多くその中心地であった。弥栄町と峰山町の境に太田南古墳群があり、平成六年の発掘では青龍三年（二三五）の年号入りの青銅鏡が発見された（青龍三年は魏の年号で、この鏡は邪馬台国の女王卑弥呼が魏の皇帝から下賜されたものの一つであるといわれている）。

丹後地方は古来大陸や半島との往来が頻繁にあったといわれている。丹後半島には古代の伝承や説話が多く残っている。古代遺跡も多い。そして、数多く存在する神社は、弥生時代から古墳時代にかけての古代祭祀遺跡や古墳をその境内に持っているものが多い。丹後は元来丹波国であったが和銅六年（七一三）に分離し丹後国となった。新羅神社は三社あったが、二社が存在していた村は廃村となっている。

彦火火出見命を祭る元伊勢籠《この》神社

当地には日本の古代史上、欠くことの出来ない神社がある。宮津市の元伊勢籠《この》神社と真名井《まない》神社、および加佐郡大江町（現福知山市）の元伊勢外宮・元伊勢内宮等の神社である。籠神社（別称元伊勢大神宮、伊勢根本宮など）の祭神は主神が彦火火出見命（養老元年・七一七年以降は彦火明命と称される。籠船《かごぶね》に乗って龍宮に行かれたとの伝によって籠宮《このみや》という）。また、相殿には豊受大神《とようけのおおかみ》・天照大神・海神《わたつみのかみ》・天水分神《あめのみくまりのかみ》を祭る。社殿は唯一神明造。彦火火出見命は『紀』に記載の饒速日命、すなわち素戔嗚命の子神でもあり、神武以前に大和の国を治めていた大王である。『元伊勢籠神社御由緒略記』には「彦火火出見命は彦火明命で天照国照彦火明命、天照御魂神で饒速日命であり、この神は山城の賀茂別雷神と異名同神である」と説明がある。奥宮の真名井神社の祭神は上座に豊受大神、西座に伊弉諾尊、伊弉冉尊、天照大神を祀る。元伊勢といわれる籠神社の神主は海部直であり、海部氏系図は現存する日本最古の氏系図

（国宝）。「丹後風土記」に「当国は往昔天火明神の降臨の地なり。…往昔豊受大神天降り、…」とある。饒速日命は河内の哮《たける》ヶ峰《がみね》に天降りしたといわれているが、丹後にも天降りしている。筑紫で彦火火出見とともに天降ったのは豊玉姫であるが丹後では豊受姫である。この地域も海人族が統治していたであろう。

元伊勢籠《この》神社（雄略天皇が天照大神を伊勢に祀る前は当地に祭られていたという）は、天の橋立が参道である。伊弉諾のイザは「磯の男」即ち磯（海岸）へたどり着いた男の意味である。アイヌ語では露岩の意味である。これも渡来伝承の一つと考えられる。対馬と豊前で「磯良《いそら》」は「鵜葺草葺不合命」や「五十猛命」と同神であり「天日槍の子孫の五十迹手」であった。ここでは「伊弉諾尊」も磯良と同じになる。李炳銑『日本古代の地名研究』によれば伊弉は古代新羅時代の伊西国に由来するという。

新羅明神を祭る溝谷神社

竹野郡弥栄町字溝谷（現京丹後市）にある。旧外《との》村である。山に囲まれた谷間のような地。鳥居の背後に八脚門。その奥に神楽殿を兼ねたような拝殿があり、中に「新羅《しらぎ》大明神」の奉納額が掲げてある。祭神は新羅大明神（素戔嗚命）、奈具大明神（豊宇気能売命）、天照皇大神の三神。旧溝谷村三部落の氏神であるという。創祀の年代は不明。神社の火災で古文書が焼失し記録はないが、『延喜式』（九二七年）記載の社であることや「新羅牛頭山の素戔嗚命を祭った」こと、「神功皇后が新羅よりの帰途に着船した」などの伝承があるので、当社の創祀は古く、産土神と考えられる。神社の『溝谷神社由緒記』は「当社は延喜式所載の古社にして、社説によれば、人皇第十代崇神天皇秋十月、将軍丹波道主命当国へ派遣せられ土形の里に国府を定め居住あり。或時、神夢の教あり、眞名井のト（トはウラ又はキタとも云ふ）のヒツキ谷に山岐神《やまのかみ》あり、素戔嗚命を以て三宝荒神とし斎き奉らば、天下泰平ならんと。道主命、神教に従ひ丹波国眞名井のト・ヒツキ山の麓の水口に新宮を建てて斎き奉る。因て、水の流るゝ所を溝谷庄と云ふ。其の後丹波道主命の子・大矢田ノ宿禰は、成務・仲哀・神功皇后の三朝に仕えて、神功皇后三韓征伐に従ひ、新羅に止まり、鎮守将軍となり、新羅より毎年八十艘の貢を献ず。其の後帰朝の時、風涛激浪山をなし航海の術無きに苦しみしに、素戔嗚命の御神徳を仰ぎ奉り、吾今度無事帰朝せば、新羅大明神を奉崇せんと心中に祈願を結びければ、激浪忽ち変じて蒼々たる畳海となりて無恙帰朝しければ、直ちに当社を改築せられ、新羅大明神と崇め奉る。因て今に至るも尚新羅大明神と崇め奉して諸民の崇敬する所なり」（『弥栄町史』、『神社明細帳』および『社伝』も同じ）とある。

このようないきさつから当社は今でも航海の神として海辺の人々の崇敬が篤い。平清盛の嫡子・平重盛が丹後守に任ぜられて丹後を統治した時新羅大明神を信仰し当社を再建、また、織田信長も当社の信仰篤く当社殿を改築し新羅大明神の御神号を額面に書せられ之を鋳造して納めたといわれている。新羅将軍・大矢田宿禰が新羅国より帰国の途次、暴風雨に遭遇し、無事帰国の際には新羅大明神を祭ることを誓ったという伝承は近江の三井寺に伝わる智証大師の唐からの帰朝譚と似ている。溝谷神社は相殿に奈具大明神（式内社）を祭る。祭神は比治山頂の池（真名井）に降りて来た天女であり豊宇賀能売命（豊受神）である。なお、豊受神は九州から来たという説もある。そうであれば、豊玉姫命か比売許曽の神であろう。

廃村に伴い失われた新羅神社

中郡大宮町字周枳《すき》（現京丹後市）の大宮売《おおみやめ》神社（周枳《すき》の宮ともいう。祭神は天鈿女命・豊受大神）の宮司・島谷和宏氏は、「丹後には新羅大明神を奉斎していた社はあちこちにあったのではないかと思われます。…当地方の地名や伝承等からみると、古代朝鮮との係わりを強く感じざるを得ません」という。神社のある場所の「周枳」は「スキ国＝新羅国」の意であり、竹野郡の間人《たいざ》から中郡大宮町にかけての竹野川沿いには竹野川文化圏が形成されており、出石族や出雲族の居住地でもあったようである。

大宮売神社遺跡でも明治四十二年に二の鳥居の下から壺や曲玉・勾玉が発見された。これらの品は祭事の跡（三世紀頃）を示しており大宮売の神は巫女（シャーマン）であった。大宮は大国の意である。当社の郷土館には、境内の古墳から出土した遺跡（土器、勾玉、鉄剣等）とともに高原寺（廃村となった高原村の観音堂）に祭られていた新羅《しらぎ》大明神の掛け軸がある。竹野郡高原寺遺物とある。高原廃寺跡は不明。また、梅本政幸『丹後の国』には、これも廃村となった表山の八幡社に「新羅大明神」が祭ってあったとある。祭神はいずれも素戔嗚命である。

天日槍を祭る出石《いずし》神社

かつての丹波国の但馬には天日槍を国土開発の祖神として祭っている出石神社（伊豆志八前《いずしやまえ》大神）がある（現豊岡市）。天日槍が持参した八種の神宝もともに祭られている（後の三種の神器の元と思われる）。

当地方は天日槍族、出石族など新羅系渡来人の一大居住地であった。新羅の王子・天日槍が海を渡り日本列島に上陸し、全国を遍歴、この但馬に居を定めたことが『記紀』や『風土記』に書かれている。天日槍は新羅の渡来者集団、それも当時としては抜群の文化と軍事力を備えた集団と考えられている。国土開発の伝承の一つは「泥海の但馬地方の瀬戸（津居山）を切ることによって、一気に国土を出現させた」という。但馬を一つの根拠地として、天日槍族（秦氏であろうといわれている）が筑紫から越前まで大きく勢力を張っていたのであろう。社殿は六六三二坪の境内に老樹が繁る三百坪の禁足地を持つ。拝殿は入母屋造、本殿は三間社流造。伝統と格式のある神殿が杉の大木の中で静かに佇んでいる。宮司夫人も言っていたが今は参拝者も少なく侘しい。何故だろうか。

5　彦火火出見命伝承が多い若狭

若狭の旧遠敷郡（現福井県小浜市）には彦火火出見命と豊玉姫命の天降り伝承がある。鵜葺草葺不合命や玉依姫も祭られている。

⑴　遠敷川に沿う新羅の神々の社

小浜街道から遠敷谷《おにゅう》に入る。遠敷川沿いに上流へ登る道は山越えで近江や京都に通じる。遠敷川に沿って若狭姫神社、若狭彦神社、若狭神宮寺、遠敷明神、白石神社が並んでいる。若狭神宮寺『お水送りとお水取り』（若狭神宮寺別当尊護記）および「若狭神宮寺」（同寺発刊の栞）は「この地を開拓し国造りした祖先が遠敷明神（若狭彦）で、その発祥の地は根来《ねごり》の白石である。和銅七年（七一四）遠敷明神（若狭彦命）の直孫和赤麿公が竜王《ながおう》の山を神山と崇拝修業の際に空より金鈴が天降ったので、この金鈴を紀元前の銅鐸をもった先住の地主、那伽族の王を地主神の長尾（那伽王）明神として山上に祭りその下に神願寺を創建した」と記載、さらに『お水送りとお水取り』は「対馬海流の暖流は朝鮮半島の南端から山陰、若狭湾、北陸の沖を佐渡の東方まで昔も今も流れている。近畿地方の南から北へ一直線に那智、奈良、鞍馬、若狭と並んで同じような火の祭典がある。若狭の語源は朝鮮語のワカソ（ワツソ＝来るとカツソ＝行くとの合成語）が和加佐《わかさ》と訛って後世若狭と宛字されたものである。奈良も朝鮮語の『国』の意味であり、若狭と奈良は歴史的地理的に関係が深い。飛鳥朝の古代から若狭地方の遠敷（朝鮮語ウオンヌ＝遠くへやる、遠く来て敷く意味の語が訛っておにふとなった）の地は新羅氏（白石に訛っている）が根来《ねごり》（朝鮮語ネコール＝我々の古里の意味で新羅系発音）に根拠をかまえていた部族国家である。『海のあるナラ』であった。対馬海流に乗れば小船などは漕がずとも一夜足らずで朝鮮半島の南端から若狭湾の沖に流れつくので、ここを中継地として一〇〇㎞ほど南の奈良まで新羅の文化を運んだ」と、日本海から大和に文化が伝わったことを記載している。

彦火火出見命と豊玉姫命を祭る若狭彦神社

若狭彦（比古）神社は若狭彦神社と若狭姫神社を合わせた名称である。若狭国鎮守の一の宮、二の宮または上、下と呼ばれ一対である。若狭彦神社の祭神は海幸山幸で名高い彦火火出見命を若狭彦神と称え、若狭姫神社の祭神は豊玉姫命を若狭姫神と称えて祭っていると神社の説明にある。若狭姫神社は遠敷明神

彦火火出見命と豊玉姫命を祭る若狭彦神社

とも称したようである。若狭彦神社の末社若宮として鵜葺草葺不合命が祭られている。また若狭姫神社の摂社中宮《なかのみや》神社には玉依姫命が祭られている。さらに、豊玉姫命の龍宮神話に名高い潮満玉、潮涸玉を祭神とした玉守神社、豊玉姫命の神霊の乳神なども祭られている。神社から少し上流に遠敷川の水が巨岩に突き当たり淵をなす場所がある。「鵜の瀬」と言い鵜の瀬大明神が祭られている。この鵜の瀬は八百比丘尼《はっぴゃくびくに》（八百歳で入定）が禊をした場所ということで尼垢離《にごり》といい、それが地名の根来《ねごり》となったともいう。ここの白石の上に若狭彦の神（彦火火出見命）と若狭姫（豊玉姫命）が八人の眷族を従えて白馬にまたがり、白雲に乗って唐人の姿で天降ったという。若狭姫神社は霊亀元年（七一五）現在の地を選び遷座したといわれている。若狭神宮寺には東大寺のお水取りの井戸がある。東大寺にも遠敷明神が祭られている。この地方にも海神と彦火火出見命の伝承があるので、古代にこの地を開拓していたのは海人族であったこ

若狭彦姫神社（内外海半島の泊）

とになる。

(2)　小浜市にみる新羅神社

内外海半島の若狭彦神社

小浜市の内外《うちとみ》海半島の西端にある泊《とまり》浦に若狭彦姫神社がある。神社の名称を地元の漁師の人々は若狭姫彦《わかさひめひこ》と呼ぶ。人文社『福井県広域道路地図』は若狭姫彦神社と表示している。この社は遠敷川沿いにある若狭彦神社（若狭一宮）と若狭姫神社（二宮）の元宮といわれ、両社の神が村の裏山に垂迹して後に遠敷へ移ったという。ここも海幸山幸の伝承が伝わる。神社の由緒書に「若狭彦姫神社・祭神・天津日高彦火火出見尊《あまつひこほほでみのみこと》・豊玉姫命《とよたまひめのみこと》…。貞観元年（八五九）若狭彦姫の二神が海から渡ってこられ、この村に泊られた（泊の地名の由来）。やがて神は杉千本生える里へ向われ遠敷の上下宮（若狭彦神社・若狭姫神社）として鎮座される…。九月一日には酒事（八朔祭り）…」とある。神社の祭神は「遠敷の豊玉姫命が龍宮からこの国へ出現された時、ここで一日休まれて後、かの地へ行かれたのでここを泊浦という。そして、一日おられたことからその字をとって当浦の社を日の宮と号した」、「彦火火出見尊が龍宮から帰るときにこの浦に泊まったので遠敷上下大明神を祀る」（『若狭遠敷郡誌』『社記』『若狭国一の宮縁起』ほか）といわれる。入母屋造の拝殿と流造の本殿。若狭彦姫神社本殿の右に古い「古宮」という社殿がある。泊の海岸には「韓国船遭難救護」の碑がある。この泊に伝わる伝説に「応永十五年（一四〇八）、南蛮船が小浜に着いた。この時泊浦の沖の岩に船をつないだ。このことから、その岩を唐船（からぶね）島と呼んだ」、「朝鮮島にむかし異国の船がこの島に漂着して船をつないだ。それで唐船島という」（『越前若狭の伝説』）などがある。

下根来白石の白石（新羅）神社

若狭彦、若狭姫の二神を白石大明神として祭祀したのが白石にある白石大明神である。若狭神社と神宮寺、白石明神など元は皆同じものであり、新羅氏の祭る新羅神社と新羅寺であったようである。白石神社は若狭彦神社の境外社である。神社の鳥居に「白石大明神」の額が掲げてある。ここからもっと奥へ登ると上根来《かみねごり》である。広峰神社があり牛頭天王を祭っている。さらに南に下れば京・近江に至る。

(3)　上中町の白石（新羅）神社

遠敷郡の遠敷にある白石明神は新羅明神であり、彦火火出見命と豊玉姫命を祭る。上中町（現若狭町）

は小浜街道の街であり滋賀県の琵琶湖に近く、滋賀県高島郡（海人族の安曇《あど》町があった。現高島市）と接している。この街道に沿って白石神社が祭られている。上中町は縄文、弥生、古墳時代の遺跡が多く発見されている。四・五世紀の前方後円（方）墳は渡来品の副葬が目立ち北部九州と同じ横穴式石室を持ち、半島との緊密な交流や往来をうかがわせる（『福井県立若狭歴史民俗資料館・常設展示図録』『若狭の古代遺跡』福井県立歴史民俗資料館発行）。遠敷郡から足羽郡にかけては海人族とされる秦氏が多く居住していたことが出土の木簡から判明している。

下大杉の白石神社

白石神社は高島市（滋賀県）との県境の下大杉にある。かつては大杉部落の産土神であったが明治四年に陣屋が廃止され、明治四十二年に熊川の白石神社へ合祀された。今は参道の石段と白石神社跡の標柱と小さな祠が残っている。

熊川の白石神社

熊川の集落は江戸時代の熊川街道（若狭街道）の宿場街をそのまま残している。白石神社は熊川村熊川字宮ノ下（現若狭町熊川）にある。白石神社は街道に面している。入母屋造の拝殿、その奥に本殿。鳥居や本殿に「白石神社」の扁額が掲げてある。根来の白石神社より立派な社殿。この神社は、古くは白石大明神あるいは白石明神と称し、若狭彦神を勧請したものであるといわれているので祭神は彦火火出見命で

河内の白石神社（ダムの完成で消失）

ある。合祀されたる神社三社ありといわれているので、下大杉以外にも白石神社があったようだ。また境内の白鬚神社は近江よりの勧請という。

河内の白石神社

熊川から河内川の上流の山の中に河内《こうち》の集落がある。この神社も下根来の白石明神または遠敷明神の勧請といわれている。『若州管内社寺由緒記』に「此明神白神楽谷と申所に御座候」とある。白神楽谷はシガラキダニと読むのであろうか。新羅からの転訛であろう。社殿は川淵の巨岩の上で杉の老木に囲まれた唐門付きの立派な拝殿と流造の本殿を持つ。拝殿に「白石神社」と書かれた扁額が掲げてある。河内川ダム工事が行なわれていたのでいずれ社殿は消失する。

新道の白石神社

熊川の宿から小浜よりに新道の集落がある。白石神社は道路から少し高い場所。立派な社殿。若狭彦神が祭神である。長崎県壱岐島の『勝本町史』にも白石明神の話がある。「伊志呂神社（祭神素戔嗚命）」についての伝承である。「ある年の大晦日に姉妹二人の神が高麗国より立石村白石浜の畳瀬に着いた。姉妹はこの時誤って白石浜で油壺を割ってしまった。それで姉神は白石浜の浜に留まり白石大明神となった」。この高麗国は新羅国の誤りであろう。

小浜八幡宮と新羅神社

神社は小浜市にある。この地域の縄文時代遺跡から西日本、近畿、北陸、東北など多くの地方の土器や長野県の霧ヶ峰、隠岐島の石なども発見されている。弥生時代の遠賀川式土器や古墳群も多く、三〜四世紀初めの山陰系の古式土師器や五世紀中頃の新羅焼の須恵器も出土している。神社は小浜港を向いている。社殿の背後に後瀬《のちせ》山がある。神社の拝殿、本殿ともに江戸時代の改築といわれ、鳥居も応永二年（一三九五）の再建といわれている。祭神は宗像三神と応神、神功である。多分、宗像三神が古くからあり、その後八幡神の応神天皇が加祭されたものであろう。当神社社宝の一つに天正十三年（一五八五）の国守丹羽五郎の禁制状がある。

八幡宮　禁制

一、当社并限末社新羅敷地競望事

一、社内放飼牛馬致狼藉之事

一、神前崩石蔵伐採竹木事

右の条堅命停止…

この中の「新羅敷地…」の意味がよくわからない。宮司の渡辺氏もわからないという。おそらく「八幡社と新羅社の敷地内での競事を禁ず」ということであろう。この文章は当地に新羅神社があったことを示している。当社の境内社に「新良伎《しらぎ》神社」がある。「新良伎神社」の祭神は素戔嗚命である。これは、中世に「末社」と記されている新羅神社であろう。他の境内社に豊受姫神社、大山祇社、船玉社などがある。当社が九州や新羅との係わりがあることを示す境内社に高良《こうら》神社がある。九州久留米市にある高良大社の祭神は高良玉垂命、豊比咩命である。

『小浜市史』に、「小浜八幡宮は、かつては小浜宮であった。八幡宮と言われるようになった年代は不明。元々やはり海人の祭る神であったと言われる。しかし、いつしか八幡宮と習合し国衙庁との関係を深め地歩を確立していった」とある。この小浜宮は古来海人の祭る社であったであろう。若狭湾岸で式内社といわれている神社は、いずれも海岸線に沿って建てられており、漁業航海を生業とした海人族が居住し祭っていたと思われる。小浜八幡宮については若狭武田氏が永享十二年（一四四〇）から約百三十年間守護の座にあり、後瀬山《のちせやま》城を築いたので山裾の小浜八幡神社は、城の守護神として保護されたであろう。若狭武田氏は新羅三郎義光の子孫である。

6　敦賀市の新羅神社

当地方は越前であるが、この地も対馬や筑紫地方と同じような神々を祭っている。伝承は天日槍と都怒我阿羅斯等に係わるものが多い。天降り伝承もある。日本海沿岸には共通の文化が多く、例えば、古墳群では「船形石棺」が九州や山陰、四国、越前などに共通している。また応神天皇や神功皇后などとの係わりも深い。日本海を流れる対馬海流は、北流して越前岬に突き当たる。本流はそのまま北東へ向かい、一部は敦賀湾から若狭湾へ還流するので当地方には、この海流に乗って来た人物の伝承や文化が古くから存在した。「上古敦賀の港は三韓（古代朝鮮）交通の要地にして、三韓・任那人等の多く此地に渡来し、敦賀付近の地に移住土着したる者少なからず。其族祖神を新羅神社として祭祀せるもの多く、信露貴神亦共一に属す」（『今庄の歴史探訪』）。また、敦賀付近には新羅（しらぎ）の宛字と思われる土地名や神社名が多く、敦賀市の白木や、神社名では信露貴彦《しろきひこ》・白城・白鬚などがある。古来敦賀は北陸道の入口に位置し、西近江路の終点であった。継体天皇は近江で生まれたが、越前で育っており、越前・若狭・近江などを含んだ地域は一つの文化圏を形成していた。明治十四年まで敦賀・若狭の四郡は滋賀県に入っていた。敦賀の代表的な遺跡の吉河遺跡は「敦賀の登呂」と言われている。吉河の弥生人は中部高地・伊勢湾・近江などをはじめとする各地との交流が著しく、今から二千年前の弥生時代中期の吉河遺跡を残した人々が、敦賀を開いた人々であり、現在の私たちの生活の礎をうち立てた開拓者であるという（『敦賀市誌』）。

都怒我阿羅斯等と天日槍を祭る気比神宮

『記紀』に記載の最古の渡来人「天日槍《あめのひぼこ》」と「都怒我阿羅斯等《つぬがあらしと》」を祭る神社である。敦賀市曙町の気比の松原が近い。祭神は伊奢沙別命《いざさわけのみこと》・仲哀天皇・神功皇后・日本武尊・応神天皇・玉姫尊・武内宿禰の七神。境内の式内社、角鹿《つぬが》神社は摂社で祭神は都怒我阿羅斯等命。「崇神天皇の御代、任那の王子都怒我阿羅斯等気比の浦に上陸し貢物を奉る。天皇、気比大神宮の司祭と当国の政治を委せられる。その政所の跡に此の命を祀ったのが当神社で、現在の敦賀の地名はもと『角鹿』で此の命の御名に因る」(『気比神宮略記』)。天皇が任那の王子に政治を任せるということは、天皇と都怒我阿羅斯等とが親密な間柄であったことを示している。当地にも王国があった。任那は大加羅国である。『福井県神社誌』は気比神宮の祭神を仲哀天皇・大山祇命・神功皇后・日本武尊・素戔嗚命の五神としている。私は、元々は海神族の彦火火出見命と豊玉姫命が祭られていたのではないかと思う。印牧邦雄『福井県の歴史』には次のように書かれている。「古来、越前一の宮として民衆に崇敬されてきた気比神宮も、かつては笥飯宮《けひのみや》と呼んで、新羅の王子天日槍《あめのひぼこ》を伊奢沙別命《いささわけのみこと》として祭り、仲哀天皇や神功皇后を併祀してきた。この伊奢沙別命は土豪角鹿《つぬが》氏の氏神であった。角鹿氏は長くこの地を支配しており、天平三年（七三一）の『越前国正税帳』にも郡司角鹿直網手《あみて》の名がみえる」。

角鹿氏の氏神が天日槍ということは角鹿氏一族の祖は天日槍ということになる。都怒我阿羅斯等の「阿羅斯等」と「阿利叱智」は同じ語で、新羅、加羅では貴人への敬意を表す意味であるという。先に見た豊前香春町の現人神社の由緒書には「都怒我阿羅斯等」は「三毛入野命」で、新羅の王となり、その後に渡来し、都怒我阿羅斯等と称したとあり、『紀』には垂仁天皇が都怒我阿羅斯等に自分の名の御間城を国の名にせよと言って任那の国をつくらせたとある。七一五年創建という気比神宮寺にも都怒我阿羅斯等の伝承が伝わっている。一方、天日槍は『紀』によれば、垂仁天皇三年に渡来した新羅の王子とある。天日槍の農耕集団は鉄器と水稲耕作の文化をもたらした。『紀』は都怒我阿羅斯等と天日槍は同じ頃の渡来と記している。しかし、天日槍が角鹿氏の祖神であるとすれば、天日槍のほうが古いことになる。また『紀』に「応神天皇がはじめ皇太子となられたとき、敦賀の笥飯大神にお参りになり、大神と太子と名を入れ替えられた。それで大神を去来紗別《いざさわけ》神といい、太子を誉田別《ほむたわけ》尊と名づけたという。太子の元の名は去来紗別《いざさわけ》尊ということになる」とあるので、応神と天日槍は同族で対等ということになる。真実は祖神の名をもらったということであろうか。天日槍の天《あめ》については『旧唐書』に倭の大王は「阿毎氏」を称したとある。阿毎は天《あめ》であろう。あるいは海《あま》であろうか。

気比宮の奥宮・常宮神社（常の宮）

敦賀市常宮《じょうぐう》に鎮座。敦賀半島の東側中央部の敦賀湾の小さな入江（常宮湾）に面した神社。気比神社の奥宮ともいわれた。海岸沿いに鳥居と入母屋造の拝殿。この拝殿に気比神宮から「総参祭《そうのうまつり》」の神輿舟が到着する。当社の境内に「白木彦《しらきひこ》神」が祭られている。能登・田鶴浜町の白比古《しらひこ》神社と同じように白木彦は新羅彦《しらきひこ》であろう。本殿（天八百萬比咩命《あめのやおよろずひめのみこと》・神功皇后《じんぐうこうごう》・仲哀天皇《ちゅうあいてんのう》（一説に神功皇后のみ））。東殿宮（日本武命《やまとたけるのみこと》）。総者宮（応神天皇）。平殿宮（玉妃命《たまひめのみこと》）。西殿宮（武内宿禰命）がある。由緒は「天八百萬比咩命《あめのやおよろずひめのみこと》（常宮大神）は上古より、養蚕《ようさん》の神として此の地に鎮まる。仲哀天皇二年春に、天皇、皇后、百官を率いて敦賀に御幸あり、笥飯《けい》の行宮《かりみや》を営み給うた。そののち天皇は熊襲の変をきこしめされ…山口県へ向わせ給う。神功皇后は二月より六月まで此の常宮にとどまり給い、六月中の卯《う》の日に海路日

常宮神社の鳥居（敦賀市）

白木彦神社（常宮神社の境内社）

本海をお渡りになり…。此の由緒を以って、大宝三年（七〇三）、勅命により、神功皇后、仲哀天皇、玉妃命、武内宿禰命を合祀した、爾来気比神宮の奥宮として…」（『常宮神社小誌』）とある。明治九年気比神宮から独立。気比神宮と常宮神社は敦賀湾を挟んで、向かい合い、上社と下社、口宮と奥宮など強い関係にあった。あるいは気比宮の元の地であろうか。総参祭は気比神宮の宮司以下神職が気比の神々を船型の神輿に移し祭り、御座船神宮丸に奉祀して常宮へ海上渡御し午後に帰還する。民間伝承に気比の大神は陽神、摂社常宮の大神は陰神であるので年に一度気比の大神が常宮にいる陰神を訪れる儀式と伝わる。西殿の山側に境内社があり、その中に大きな流造の社と小さい一間くらいの社殿が四社ある。東側から、白木彦神、住吉大神、磯良大神、龍女神の四社。この社はいずれも海に係わりのある神。なお『常宮神社小誌』には当部落には産小屋があったことが書かれている。宮本宮司は白木の白城《しらきの》神社も兼務。

鵜葺草葺不合命を祭る白城《しらぎ》神社

敦賀市白木にある。白木の地名について、橋本昭三『白木の星』に「南北朝の時代、敦賀の金ケ崎に城があった頃の『白木』の地名は、当時の文書の中では『白鬼』となっている。隣の今庄町にも『白鬼』なる地名がいくつか見られるので、この地域一帯に共通の文化があったことを示すものであろう」とある。白木は敦賀半島の北端。白木浦に面した半農半漁の小さな集落。小さい湾の白木港と白木海水浴場がある。漁港は若狭湾につながる。神社は村の中央部、西側の台地の上。『敦賀郡神社誌』は「敦賀郡の最北端にて本郡中第一の交通不便の地で、…たゞ、氏神の社域と寺院のみが人家に比して高地に位して鎮守白城神社は区の西端北方の山麓に鎮り、境内には老樹巨木多く…」と記す。

社前に白城神社橋。鳥居に「白城《しらぎ》神社」の額があり、柱に「文政十三年庚寅《かのえとら》四月上旬」と刻んである。文政十三年は一八三〇年。祭神は「彦波瀲武鵜葺草不合命」。境内社は龍神社等七社。例祭（白木祭）をはじめいくつかの特殊神事がある。特に能楽は白木祭の御能と称され有名（私が見た時は、福井県無形文化財一人翁・福谷喜義氏の能舞であった）。当社は白城神社であるが、俗に「白木明神」「鵜羽大明神」とも称されている。祭神は鵜葺草葺不合命《うがやふきあえずのみこと》であるが、社伝によれば、朝鮮新羅城の新良貴《しらき》氏の祖神「稲飯命」、あるいは「白城宿禰」を祭ると言われている。『敦賀郡神社誌』および『遠敷郡誌』には、「天日槍命の後裔が此国に留まり、其の遠祖である鵜葺草葺不合命、又は稲飯命を祀りしもの。地名のシラキは日倉族の新羅人の住みしことにより起こり、その祖神を祀りしもの」とある。『新撰姓氏録』は、新良貴氏を瀲武鵜葺草不合尊の男稲飯命の子孫とし稲飯命を新羅国王の祖と伝えている。九州香春の城主原田種直の現人神に係わる由緒書の話とほぼ同じことになる。『福井県神社誌』は「境内より縄文式土器が発見されている。弥生後期には祭祀が行なわれていたであろう」という。対馬に彦火火出見命（山幸彦）が祭られ、北九州に素戔嗚命と五十猛命が、越前に彦火火出見命（饒速日命）と鵜葺草葺不合命（五十猛命）が祭られている。都怒我阿羅斯等や天日槍も同様である。名称は異なるが皆同族であろう。

新羅の神を祭る信露貴彦《しろきひこ》神社

神社は敦賀市沓見《くつみ》の山裾にある。神社の入口に「信露貴彦神社」と刻まれた石柱。拝殿と幣殿は妻入りで相当古い。奥の高台に簡素な木造の本殿。元禄年間、当社神宮寺の白泉寺が焼失し、系譜などの資料は不明。神社の祭神は瓊瓊杵《ににぎ》尊と日本武《やまとたける》尊。社伝によれば推古天皇十年（六〇二）の創建。神社名に辛うじて新羅が残っている。『敦賀神社考』は「当神社は、同村の久豆弥《くつみ》神社の姫宮に対し男の宮と呼ばれ共に白木大明神といわれた」とあり、『敦賀神社誌』には「按ずるに当社は往昔より白木大明神と尊称し、推古天皇十年に創立し延喜式神名帳には越前国敦賀郡信露貴彦神社とあり。元は当区南方字神所《かんどころ》・下の森地籍に鎮座したというが、現地に奉遷の年代は不詳」とある。また、『古名考書入』『今庄町誌』は「信露貴彦神社は、南条郡今庄町今庄の新羅神社・白鬚神社、堺村荒井に鎮座する新羅神社と同じである」と記載しており、信露貴彦神社が新羅の神であることを述べている。例祭の神事の一つ外来の伎楽や舞楽の要素を持つ「王の舞」は天孫降臨の様子を表現したものといわれている。

信露貴彦《しろきひこ》の姫宮・久豆彌《くつみ》神社

沓見字宮ノ下にあり、木花開夜姫命、邇々芸命、大山咋《おおやまくい》命の三神を祭る。往昔より沓見大明神、山王十禅権現、久豆美神社とも称えた。「当地区には信露貴神社がありて、この両社の特殊神事には交互連鎖がある。そは久豆彌神社の彌を美として女神とし、信露貴彦神社の彦を男神とせしか（気比社記に久豆美神社とある）、又は当社の祭神木花開夜姫命を祀るが故か…何れにせよ往古より当社を女ノ宮と唱える旧慣がある」（『若狭遠敷郡志』）。『敦賀郡神社誌』も同じ。従って信露貴彦神社と対になって久豆彌神社は姫宮といわれてきた。祭りの日には信露貴彦神社から御幣を持って久豆彌神社に渡御がある。信露貴彦が白

久豆彌神社入口（敦賀市沓見）

久豆彌神社本殿（敦賀市沓見）

木彦で久豆彌は白木姫であったのであろう。久豆彌《くつみ》は沓見《くつみ》と同音。両神社は明らかに渡来系の社であるにもかかわらず、祭神は天孫邇邇芸命とその妃である。祭神が後世に変えられたのであろう。邇邇芸命も木花開夜姫命も新羅系の神であるということであろうか。大山咋命は『記』によれば、須佐之男命の子神大年神の子神である。この両神社は共通の神と氏子で神職も龍頭家《りゅうとうけ》である。社殿は信露貴彦神社と同じ形の本殿。宝殿山の麓にあり、背後は樹木に蔽われている。両社の本来の祭神は若狭彦神社と同じ彦火火出見命と豊玉姫命か、白城神社と同族の新羅氏か天日槍の妃を祭っていたのであろう。

信露貴彦神社の左（南側）に前宮司の龍頭家があり「龍頭一夫」という表札がかかっている。『今庄町誌』に「龍頭家の系譜は新羅国王族の末裔ということになっている。また当地方の生活習慣も洗濯物を打棒でたたいて洗濯をしたり、種族の氏神に参拝する時には両手の指を組み合わせて礼拝する朝鮮風俗の拱《ぎょ》手拝《しゅはい》を実施している」とある。龍頭家は新羅王族の子孫であり、神社は祖神を祭ったものである。釜山市庁前に龍頭山《よんどさん》なる山があり、この周辺に江戸時代、日本と朝鮮の関係を維持する重要な役割を果たした「草梁倭館」の跡がある。

天日槍の孫を祭る須可麻神社

神社は敦賀半島西岸の美浜町菅浜にある。敦賀市の西隣で海岸の集落。須可麻《すかま》神社の須可麻が菅竈→菅窯→菅浜となったという。スカとは古代朝鮮語の村の意味といわれている。本殿は流造。拝殿に「式内須可麻神社」と「麻気神社」の扁額がある。祭神は菅竈由良度美《すがかまゆらどみ》、天日槍七世の孫、すなわち菅竈明神である。『記』によれば、天日槍の子孫の多遅摩比多訶《たじまひたか》が姪の菅竈由良度美を娶り生める子が葛城の高額比売《たかぬかひめ》命（息長帯姫命の母）である。神功皇后の父親に当たる息長宿禰王は丹波の高材比売《たかきひめ》の子で息長氏の始祖に当たる。息長氏は古代近江の豪族の一人である。「天日槍は垂仁天皇の三年に菅浜に上陸して矛や小刀、胆狭浅《いささ》の太刀などを日本へもってきた」（『美浜ひろいある記』『紀』）という。当社の創立年は不詳。この浜には新羅人が漂流して土着したという伝えもある。菅竈は焼窯の神様で須恵器などを造った新羅人の集団が住み着いていたことを示している。

7　南越前町の新羅神社

旧今庄町は嶺北地方といわれるが、敦賀市や滋賀県の湖北地方と一帯の文化圏であった（現南越前町）。町は三方が山で平地は日野川（叔羅《しらぎ》川）に沿った北部のみである。日野川は三国湊と府中の武生を結ぶ船運で栄え途中の鯖江には白鬼女津《しろきじょのつ》があった。日野川については『福井県今庄の歴史探訪』に柴田知明氏が「古代はシラキ系の名称（叔羅河・信露貴川・白姫川）、中世はシラキジョ系の名称（白鬼女川・シラキド川・シラキメ川）、近世の呼称が日野川である」と説明している。古代の今庄は往古の叔羅駅の所在地ともいわれる。今庄はかつて今城であった。『古名考』の白城神社の説明に、「案南条郡今庄町に新羅《しらぎ》明神あり是なるべし。今庄も古く今城と書けり。此白城の誤転する乎。此町の東に川あり古の叔羅河なり。叔羅は即ちしらきなるべし」とある。今城は今来（五世紀頃の今来の漢人）を連想させるが、古い白城は稲飯尊の新良貴氏か天日槍あるいはその子孫である可能性が強い。地元の人々の話によれば、この地方には信仰の篤い渡来系の人々が多く住んでいたという。おそらく、この氏族は秦氏族であろう。「要するに今庄の地は、新羅民族の移住地として開け駅伝所在の要地となった」（『南条郡誌』）。

今庄地区の新羅《しんら》神社

JR今庄駅に近い。藤倉山の麓、火燧《ひうち》城跡（愛宕山）への登り口の手前に石造の大きな鳥居が立っている。仏教との習合がなく純粋な新羅明神として現存する貴重な社である。現在の本殿は明治十年の建築、権現造。拝殿には木造の額に黒い漆で「新羅宮」と書かれた大きな額がある。入母屋造瓦葺。幣殿、本殿、合祀殿がある。右側にある合祀殿（五社殿）にも「新羅宮」「稲荷社」「愛宕社」の額が掲げてある。合祀された新羅神社もあるのであろう。「御神像は二体あり椅子に腰をかけて冠をつけた色鮮やかな姿をしている」という。製作者不詳。祭神は素戔嗚命。今庄郷の郷社として、上の宮と呼ばれる。

『福井県今庄の歴史探訪』によれば今庄宿の神々について「三韓・新羅《しらぎ》はわが国の弥生・古墳時代に当っており、この頃今庄へも新羅の渡来民があり、この地を開発したであろうことが推測される。今庄宿の新羅《しんら》神社は古くからの産土神で、江戸時代には…〈上の宮〉と称され、白鬚神社は〈下の宮〉と称された」という。神社の由緒に近江の「三井寺」と係わるものや、源氏の「新羅三郎義光」に係わる説があるが、いずれも中世以降のものである。『今庄町誌』記載の「新羅神社縁起」によれば「抑此神明者御垂迹登申志新羅・百済・高麗国の崇廟之太祖に亭盤古之昔より崇敬し奉るに爰。…智証大師に宣旨ありて…」。この原文からすると「新羅明神」は新羅、百済、高麗国の人々の祖神であった。宮司の加藤寛二氏から新

今庄地区の新羅神社

今庄町新羅神社の新羅明神像

羅明神の御神像を拝観させていただいた。木造乾漆造の貴重品（他の一体は現在不明）。加藤宮司（神社庁の役員）からはその後も多くの教示を受けている。

今庄地区の白鬚神社

「下の地区」の新羅神社である。町の人に新羅神社の所在地を尋ねると「かみのしんらさんですか」「しものしんらさんですか」ときかれる。『今庄町誌』の説明は「白髭明神は新羅の神ともなされており、上の宮と同じ縁起由来をもっているから、新羅神社とご兄弟の宮でもあるようであり、白鬚神社は元々新羅の白髭の君を祭った神社であろう」とある。祭神は猿田彦命、大己貴命、少彦命。創立年月不詳。白髭とも書く。

合波の白鬚（白城）神社

今庄町合波《あいば》（現南越前町合波）にある。祭神は武内宿禰命、天御中主神、宇賀御霊神、鵜葺草葺不合命、熊野大神、豊受大神、大己貴命、猿田彦命、八幡大神ほか全部で十三神。当社も創立年代などは不詳であるが『福井県神社誌』に「住古は白城神社と称し式内社であった」とある。社伝によれば、神功皇后が三韓征伐から凱旋の後、皇子（応神天皇）に飲ませる乳が足りなかったので祈願したところ、越の国南端の三尾の郷（日野川上流）に西向きの滝があるので、その水を乳婦に飲ませよとのお告げがあり、飲ませたら神託通りの効験があったという。社殿は深い森の中。本殿の脇に滝の跡がある。信露滝はこの地名として残っている。かつては信露貴滝であり新羅滝であったであろう。

荒井地区の新羅神社

今庄町（堺村）荒井宮の下にある。日野川（叔羅《しらぎ》川）の上流である。向拝付の切妻造の覆屋の中に流造の本殿がある。社殿の正面に「新羅宮」の額がある。祭神は素戔嗚命。『南条郡誌』は「信露貴彦神社は堺村荒井の新羅神社ならん乎」とある。日野川の上流に夜叉ケ池がありそこには夜叉龍神の社がある。神は龍であったり、蛇であったりする。対馬の海人も龍蛇であった。

8　能登の新羅神社

能登国も古代朝鮮半島との同一文化圏であった。新羅、加羅系の文化が栄えた。能登半島の東内浦に田鶴浜町と中島町がある（現七尾市）。西は羽咋《はくい》郡である。居住の人々は新羅、加羅系の渡来集団である秦氏が圧倒的で、祖神を祭る社も多い。『万葉集』（七五九年）巻十六の「梯立の熊来のやら（石川県中島町の海）に　新羅斧おとし入れ　わし懸けて懸けて勿泣かしそね　浮き出づるやと見むわし」の歌は、古代に新羅製の斧が貴重な道具として使われていたことを示している。田鶴浜町の白比古神社から少し北の七尾湾に面した地に「唐島」と「唐島神社」がある。元々は韓（加羅）島であった。唐島と田鶴浜町の間には大津川や大津潟、大津地区などの地名があり滋賀県の大津市（唐崎と唐崎神社）と似ている。『田鶴浜町史』は「能登地方には漂着神（寄り神）の信仰のある神社がたくさんあります。私たちの町の川尻にある荒石比古神社と、白浜にある白比古神社の氏神様も、海上を石船に乗ってこの海岸に上陸されたという漂着神の伝説をもつ神社です。荒石は古くはアライン、アラント、ツヌガアラシトと読まれ、海上はるか石船に乗ってこの海岸に上陸された神様がマズモリという所に鎮座されたと伝えられている」と記載しているので都怒我阿羅斯等は寄り神でもあった。

白比古神社は新羅神社

田鶴浜町白浜に鎮座。能登半島の七尾湾に面した町。田鶴は、かつては「タツ」と読んで龍の意ともい

田鶴浜町の白比古神社

われる。龍蛇は出雲の神「大国主命」の使者である。『田鶴浜町史』によれば「白比古神社のある白浜の地名の由来は産土神の白比古神社の御神体がここの海で採りあげられたことによる」と伝えている。『延喜式』に白比古神と書かれているが、それ以前から存在したであろう。鳥居の前に「白比古神社」の大きな石柱がある。拝殿は入母屋造。本殿は覆屋の中、流造。宮司の小柳正美氏は「昔は新羅神社と言っていたようです」と言う。地名の白浜の「白」は斯羅、すなわち新羅の意味で、『神祇志料』は、白比古は新羅神であったと説明している。「白」は新羅（しら）の異表記であり「比古」は男子の美称で、「彦」を表記したものである。『田鶴浜町史』に、祭神は猿田彦大神、天照大神で、由緒は「本社は鎮座の年代、詳にせざるも延喜式内の神社である。往古は中比石船明神、または白髭明神と称した」とある。さらに『町史』は伝説として「白比古神は海上より石船（いわふね）に乗って白浜海岸の黒岩（くるわ）に登臨し給うたという。此の地点は石船崎で今の黒岩である」と記載している。

平成十一年二月には田鶴浜町の三引遺跡から国内最古と見られる縄文時代前期（約六千年前）の丸木船の櫂が出土、鹿の角で作った釣針も出土し、当時から船による釣漁があったことが証明された。

久麻加夫都阿良加志比古神社

中島町宮前地区の熊木川中流にある。当社は古来、熊甲社、熊甲明神と呼ばれ、一般には「おくまかぶと」の名称である。祭神は久麻加夫都阿良加志比古《くまかぶとあらかしひこ》神、都怒我阿良斯止《つぬがあらしと》神の二神。道路に面して両部鳥居（一六五〇年の建造）がある。両部習合神道の影響を示している。故清水直記氏の夫人修子氏が社を守っていた。『お熊甲祭』記載の「神社の古文書」・「神社の歴史」および神社の『久麻加夫都阿良加志比古神社の由緒』によれば、祭神の二神は韓国の王族で、阿良加志比古神については地神、あるいは三〜四世紀頃の南朝鮮の阿羅国（弁辰地方）の王族ともいわれており、当地方を平定され、その後守護神として祀られているという。これもまた渡来の神である。都怒我阿良斯等神については若狭の項でみた。大加羅国の王子とあるが、上陸した角のある人の姿は牛頭の冠をかぶった姿であったのであろう。素戔嗚命の別名は牛頭天皇・武塔天神である。素戔嗚命が新羅で降りたところは「曽尸茂梨」であり、ソシモリは牛の頭の意である。素戔嗚命と都怒我阿羅斯等は牛の頭で結ばれる。また『神名帳考証』には阿良加志は阿羅斯等の訛音にて、都怒我は角あるもの、すなわち冑にて「熊甲」の語義に通ずる、として阿良加志比古と都怒我阿羅斯等とは異名同神なりと言っている。

明治二十四年社名を「熊甲」から「久麻加夫都」に改めた。九月の熊甲二十日祭は能登の奇祭である。当社の社宝として本殿には重文の「久麻加夫都阿良加志比古神坐像」がある。藤原時代（平安時代）後期の一木造・丸彫りの造像。朝鮮様式の冠帽と道服で装われた異国風の珍しい神像である。

9　越後の新羅神社

越後も弥生時代から新羅（加羅）系氏族の居住圏であった。甘粕健編『越後裏山遺跡と倭国大乱』によれば、弥生時代の高地性集落が全国で最も早く発掘されたのは新潟県新井市（現妙高市）の斐太遺跡である。『魏志』にある倭国大乱の時期には阿賀野川以北の越後北部を除く越後は、能登、越中とともに北陸東部圏を形成していた。越後の関川左岸の山麓に、裏山などの遺跡があり、そこからは環濠集落と戦いを物語る石つぶて、環状石斧、鉄鏃などの武器や農耕に使った鉄製の鋤先などが確認されている。

越後と出雲

出雲で四隅突出型古墳を発見した山本清氏は「大和朝廷が近畿地方から勢力を伸ばしはじめる四世紀中葉以前に出雲を中心にした一大勢力があり、越前、越中、越後もその勢力圏内にあった」と述べている。しかし『紀』の景行天皇の条に日本武尊が「蝦夷の悪いものたちはすべて罪に服した。ただ信濃国、越国だけが少し王化に服していない」という記事があるので、この地方には大和朝廷に最後まで抵抗した勢力がいたことがわかる。妙高村（現妙高市）の西にある糸魚川には、縄文中期のヒスイの勾玉・丸玉などの遺跡が発見されており、ヒスイを生産する奴奈川《ぬなかわ》王国があったといわれている。糸魚川市には奴奈川姫(沼川比売)神社がある。『記』の須佐之男命の大蛇退治の条に、「高志の八俣《やまた》の大蛇、年毎《としごと》に来て喫《く》へり…」と出雲の国つ神(大山津見神の子)が嘆いていた時に須佐之男命(素戔嗚命)が越の国の大蛇を退治し櫛名田比売《くしなだひめ》を救う話がある。後に素戔嗚命の子(あるいは五代の孫とも六代の孫ともいう)の大国《おおくに》主命《ぬしのみこと》(八千矛神《やちほこのかみ》・大穴牟遅《おおなむじ》神・葦原色許男《あしはらしこを》神)が越の糸魚川の奴奈川姫に求婚している話もある。越後は出雲地方より後代まで出雲系文化が続いたという。大国主命と奴奈川姫(沼河比売)の間の子神が建《たけ》御名方《みなかた》神で信濃の諏訪神社の主神である。大国主命と奴奈川姫の物語は、三世紀頃(弥生後期)の越(高志)と出雲との硬玉の交易ルートの擬人化であるとも言われている。信濃の諏訪神社の祭神が出雲と越国の子神であるということは信濃にも同族が住んでいたということであろう。

信濃の安曇《あずみ》も出雲と同じ語源であり、海上生活者(海人族)を意味すると言われている。越と出雲の関係は、『出雲国風土記』の国引き神話にも見られ、「高志《こし》の都都《つつ》の三埼《みさき》を国の余りありやと見れば国の余りあり…来縫《きぬ》える国は三穂の埼《さき》なり」とある。これは越の国の人々の出雲地方への集団移住を示すものとされている。

新羅仏を祭る関山神社

新羅明神を祭る神社は頸城郡妙高村関山(現妙高市)にあるが、私が神社を訪ねた平成九年の夏には、神社総代の内田要作氏が社殿を開扉、神殿内を案内してくれた。妙高山の麓の関川に沿った街である。隣

新羅仏を祭る関山神社
（左）新羅明神像　（右）新羅仏の聖観音像（関山神社蔵）

の新井（現妙高市）の斐太古墳群は渡来人の遺跡と言われている。神社の資料は天正十年（一五八二）の織田信長の戦火のために伝承以外は残っていない。神社は拝殿、幣殿、本殿が一棟になった総欅の権現造。本殿左手前の金毘羅堂は北向き（日本海）であり龍神（海神）を祭っている。当社の別当寺は宝蔵院跡地として残っている。神社の祭神は国常立尊（関山大権現・聖観世音菩薩）、伊弉冉尊《いざなみのみこと》（白山大権現・十一面観世音菩薩）・素戔嗚命（新羅大明神・騎獅文殊菩薩）の三神である。仏像と一体であるところをみると神仏習合の影響がある。国常立尊や伊弉冉尊は後代の加神と考えられる。本来の祭神は素戔嗚命であろう。関山大権現（地主神）は殿内中央に安置されている聖観世音菩薩の小像。この像は朝鮮三国時代（六〇〇年代）の新羅仏であると言われている。青銅の立像である。この新羅仏は、昭和三十六年に御開扉された。私はこの聖観世音が新羅仏であることから、元々この聖観音は国常立尊ではなく、素戔嗚命の垂迹として祭られていたように思う。

当地方を開拓したのは日本海を渡って移り住んだ新羅の人々である。古来より信仰の対象であった妙高山や関川とともに祖神を祭ったのであろう。『新井市史』には「本像（銅造菩薩立像）は日本の製作ではなく、恐らく朝鮮三国時代の遺品が、何らかの事情でこの地に伝わったものと考えられる。…日本の七世紀の金銅仏には例が少なく、朝鮮三国時代の遺品にはしばしば見かけられる。…本像の箱は元禄時代のもので、内箱は明治四十四年のもの、それには新羅大明神と墨書されている」とある。

さらに、この地方には弥勒信仰があったので関山神社の聖観音像は新羅の花郎制度（七世紀まで続いた）の弥勒信仰の影響があったのかもしれない。当社の新羅明神は獅子の背にある蓮の台座に坐している像である。

妙高山の山頂には八大龍王の棲む興善寺池がある。このように山と山上の池を神とする例は、同じ越の国（越前）の福井県旧今庄町にもあり、信露貴山と夜叉ケ池から流れ出る叔羅川が信仰の対象であったのと同じである。

10　信濃の新羅神社

北にある安曇《あずみ》郡には古代海人《あま》安曇族（天武天皇と関係が深い氏族）の祖神穂高見命・綿津見命などを祭る穂高神社がある。北部地方は海人族との係わりが深かった。長野県は安曇族の全国分布の北限といわれている。天平宝字八年（七六四）銘の調布《ちょうふ》（正倉院蔵）に安曇郡前科《さきしな》郷戸主安曇真羊《まひつじ》・郡司安曇百鳥《ももとり》とある。安曇族はそのほかにも全国各地に分布していた。松本市には津島神社があり須佐之男命・牛頭天皇を祭っている。

出雲族と係わりの深い信濃

長野県は古代の科野《しなの》である。『記』の神代に建御名方神《たけみなかたのかみ》は出雲の国譲りの際に建御雷神《たけみかづちのかみ》との力競べに負け、科野国洲羽《すは》の海のほとりまで逃げたとあるが、健御名方神の母は越の沼河比売命（奴奈川姫）である。当時の信濃は出雲の勢力圏（新羅系）で、諏訪地方にも大和政権に抵抗する土着の勢力がいたことは、先にもみたが『紀』の景行天皇の条に日本武尊が「唯信濃国・越国のみがすこし未だ王化に従はず」と答えていることからもわかる。建御名方神は出雲族の一派として信濃を中心とした小国家を造っていたのであろう。この神はミナカタという名称からこの地方に土着していた南方族の神であるとも、九州の宗像と同語で宗像氏系の神であるともいわれている。ミナは水に通ずるので、水神（農耕の神）、開拓の神、航海安全の神ともいう。

建御名方命については信濃の伊那地方の南アルプス塩見岳の麓の地方に「建御名方神は住民が塩不足で困っている時、山中に入り塩の噴き出る場所を探し人々に教えてくれた」と伝えられ、それが現在の大鹿村鹿塩の湯であるといわれている。また鹿塩の地で天孫の軍勢を迎え撃ったという伝説も伝わっているので、天孫族に敗れて諏訪に逃げ込んだという話はどうであろうか。

諏訪神社は奈良の三輪山の大神神社と同じで、本殿は背後の山が神体となっている最も古い信仰形式である。太古の神社には社殿がなく、山や木に神が宿ると考えていた（高木神）。下伊那郡阿智村には建御名方命を祭った諏訪社、多紀理比売・狭依比売・多紀津比売を祭った伏谷社（天保八年の村絵図には八王子社と記されている）がある。古代から天竜川域に沿って農耕地帯が形成され、この流れに沿って東山道が存在した。阿知（阿智）の地名は大和朝廷の成立以前からあったらしい。『先代旧事本紀』に天思兼命信濃国阿智祝部等祖《あちのはふりべがとおつおや》とあるのが最初である。JR豊橋駅と飯田駅の間には大海、唐笠などの地名がある。古代の信濃は壬申の乱の際、大海人皇子を支援し、「美濃」の後方部隊として兵力供給を行なった。信濃は、いわゆる新羅系渡来人と関係の深い土地であった。『紀』の天武天皇十三年春の条に「信濃に使いを遣わして地形を調べさせた。この地に都を造るのであろうか」という記載がある。天武天皇が安心して居住できる地であったのであろうか。

安布知神社の新羅明神

祭神は新羅明神。下伊那郡阿智村大字駒場の清坂山といわれる小高い山の上で古代東山道の阿智駅址に近い。おそらく天竜川を遡った海人族が祭ったのであろう。参道は石畳。本殿は南向。三間社流造で覆屋内にある。

現在の祭神は八意思兼命《やごころおもいかねのみこと》（高御産巣日神の子神）・誉田別尊（応神天皇）・須佐之男命（新羅明神）の三神。『社伝』によれば「仁徳天皇五十六年（三六八）三月、八華形の鏡を思兼命の霊代として、明燈

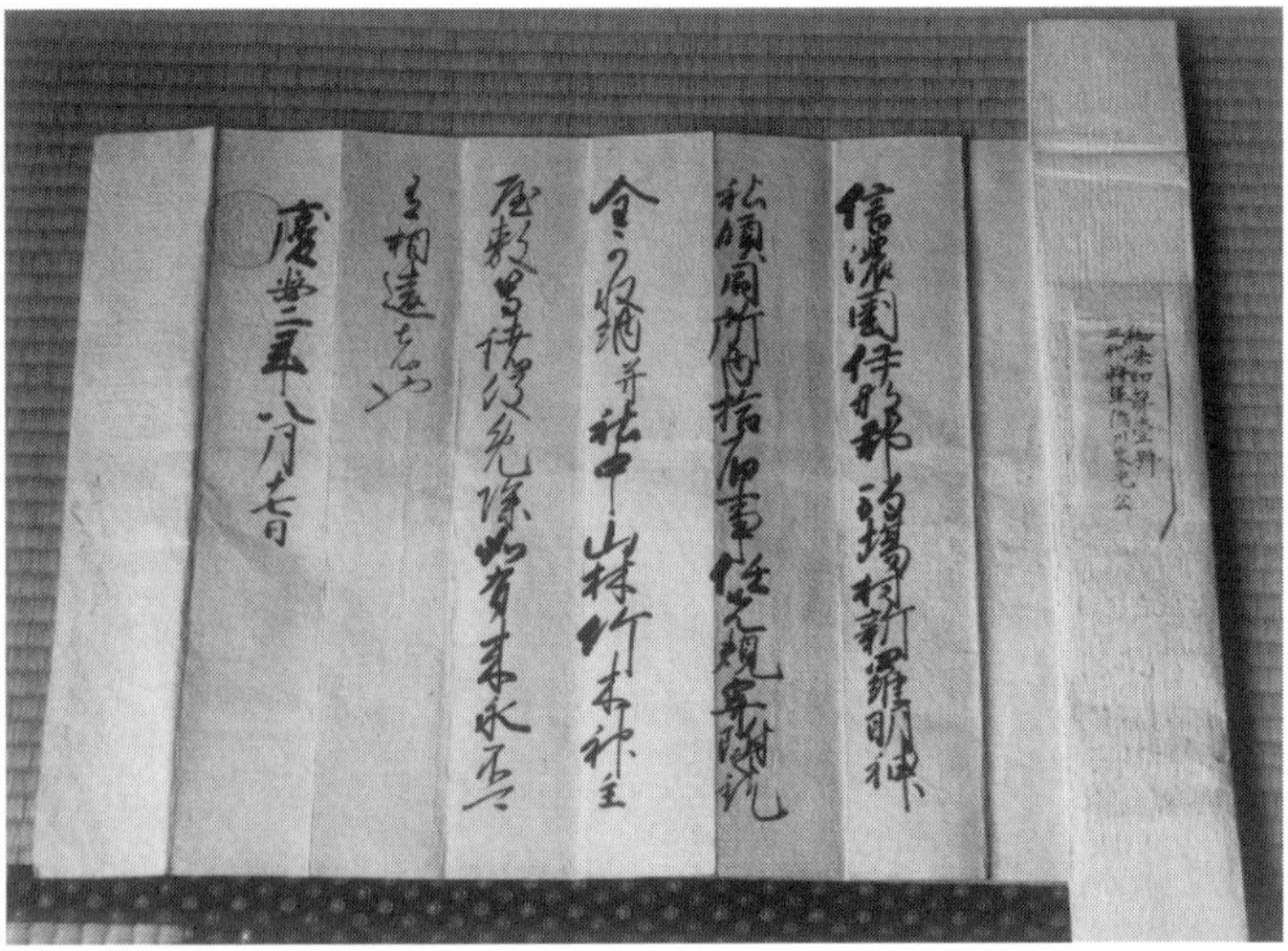

新羅神社の「朱印状」（安布知神社蔵）

山の山頂に小祠を建立し地主神として斎きまつり、吾《あ》道《ち》大神宮と称え奉った」。『阿智村誌』に現在の相殿の八幡神（応神天皇）および新羅明神（素戔嗚命）の合祀について、八幡神は奈良時代文武天皇の慶雲三年（七〇六）の勧請、新羅明神は天正元年（一五七三）、領主の小笠原信貴が近江国三井寺より勧請し社殿を清坂山の中腹に造営して、これを祭ったとある。飯田市の小笠原家文書である『由来書』には「抑当社者、人王十七代仁徳天皇五十六年、天思兼命信陽伊那郡小馬場尓天降り給ひ、吾道之前流を照臨し、水火之難を救はせられ万民を守護し、当社の地主神と成らせ給ふ。此里に吾道之関の古跡あり、吾道《あち》を安布知と訓ず。地主神、八幡宮、新羅宮三社相殿と成し奉り…然るに小笠原家国替之後、年月を経て社頭、拝殿破壊に及ぶ。…当社代々之神主　林杢太夫　藤原清久記之寛文十二年正月」とある。『清坂社由来記』にも同様の記載があるので元は清坂社。『新羅明神神殿内墨書』は「抑当社新羅大明神八幡宮両社頭、奉勧来由者、当初仁王八十八代後深草院御宇正中年中十一年十一月十五日に遷宮、当国の領主小笠原下総守源信貴、神主林左京太夫藤原清睦……」とある。ここにある小笠原信貴は三百余年も後年の人である。天正の誤りであろう。当地の新羅明神は近江の三井寺より小笠原氏が勧請したようである。小笠原氏の祖は加賀美遠光（新羅三郎義光の孫）。当神社には明治初年まで「新羅明神」の社額（現在社宝で二面蔵されている）が石の大鳥居（元禄三年）に掲げられていた。文化元年（一八〇四）に京都の神祇管領長から安布知神社宣状を受けているにもかかわらず使用されず、「新羅明神」として村人に親しまれてきた。また古くは本社の神宮寺として神光寺があった。新羅明神の像の写真を見せてもらった。彩色のある像は朝鮮風の服装で頭に烏帽子風の冠をした座像である。両腕を膝の上に乗せて落ち着いた上品なイメージであった。当社は周囲の環境を考えると元々は渡来人が祭ったものであろう。しかも当地は新羅系の渡来人である秦氏との関係が深かった地である。社記にある天思兼命がこの地に天降りしたという話は後代のものであろう。

曽山にある白髯神社

阿智村大字駒場の曽山には、安布知神社と縁の深い白髯神社がある。神社のある場所が「ソ」の山であり新羅との係わりを思わせる。安布知神社に近く、社殿（拝殿・神楽殿）は山の中腹にある。本殿は流造。境内社に蚕影神。秦氏の影響か。『村誌』によれば、佐々木氏が所蔵している由来書に「抑々白髯大明神と申し奉るは本国近江の国浅井郡湖水のほとりに鎮座ましまされ候て、一号佐々木大神とも申し奉るに私の先祖佐々木左近太夫と申す者、元来近江の国細江の庄の住人にて…一朝国乱に遇い…当駒場村の内曽山と申す所に落着、武を捨て農事に励み…本国の守護神白髯大明神を此所に勧請し奉り度く…。一子采女父の遺志を継ぎ天正十年午三月近江の国へ立越し、明神を迎え奉り帰国…当所新羅大明神の神主林杢太夫と申す者申し候。…夫より後は、神祭りの砌り湯立等は必ず新羅明神の神主を頼み申候。…白髯大明神。御神体　木造御尺二寸座像」とある。近江の浅井郡にも白髭神社はあるがここは近江の守護神とあるので高島郡の白鬚大明神であろう。

11　因幡の新羅神社

鳥取県の古代遺跡

鳥取県の桂見遺跡からは縄文時代後期（約三千五百年前）の大型の丸木船が複数出土している。物資の運搬や漁などの存在を示している。大山の山麓の妻木《むき》晩田遺跡（一〜三世紀）からは、弥生時代中期から古墳時代の竪穴住居跡と掘立柱建物跡多数が確認されている（同遺跡は佐賀県吉野ヶ里遺跡の三倍強、青森県三内丸山遺跡の約六倍以上の規模）。日本最大の弥生遺跡といわれる。

当地方が倭国大乱の時代にあったことをうかがわせる遺跡が青谷上寺地《あおやかみじち》遺跡で、約四千点の人骨の内、八十九点に矢尻が刺さった傷跡を持つ弥生時代の人骨が出土しており、『後漢書東夷伝』の記載と符合している。この人骨は鳥取大学医学部の鑑定によれば、顎の骨が発達していない渡来系弥生人のものといわれる。

新羅大明神の白鬚神社

往古新羅大明神といわれたという白鬚神社が岩見郡国府町三代寺（現鳥取市）にある。三代寺はかつてこの地に道徳寺、薬王寺、飯道寺という三寺があったことから来た地名。古代の因幡国の中心地。国府町の中央には今木山があり今木神社が祭られ、今来の漢人の集落として有名。因幡・伯耆・出雲地方には古くから渡来人がいた。鍛冶の製鉄技術集団である。

神社は集落の中の一番高い場所にある。木造の権現造。拝殿、幣殿、本殿。伝承によればこの白鬚神社は三代寺の氏神として新羅明神を祭ってきたと伝えられている。いつの時代か新羅を「しらぎ・白鬚」と表示して白鬚明神となったといわれている。

現在の白鬚神社の祭神は猿田毘古神。因幡では猿田彦は南方海洋系の航海神といわれている。国府町の岡益《おかます》（度木郷）にも渡来の人々の集落があった。岡益の石堂《いしどう》といわれる巨石と岡益廃寺跡がある。この石堂は山陰地方最古の建造物といわれている。石堂は異国的な感覚に満ちている。朝鮮半島の古塔に近い。一般的には宗廟として石堂が造立され、次いで仏教寺院が造られたといわれている。同じものが近江の蒲生郡の石堂《いしどう》寺にある。岡益に近い清水には式内社の売奴《めぬ》神社（沼名河姫・八上姫）と諏訪神社がある。

素戔嗚命を祭る太田神社

鳥取市国府町の付近には新羅系の神社が多い。太田神社は清水に鎮座。神社の案内板には、創立年代不詳、古くより牛頭天皇と称し、播州の広峰神社の御分霊を奉祀したとある。『鳥取県神社誌』によれば、祭神は猿田彦命、天鈿女命、須佐之男命（元々清水神社の祭神）、伊弉冉尊。由緒については古くより太田大明神と称し、その旧地をミツコシ（三興）と称する。祭神は大多羅大明神であるという。「多羅」は伽耶国の一つ多羅国である。神社の境内に「因幡の傘踊り」の看板と山鉾の台車が置かれている。傘踊りは因幡地方、特に当地が干ばつに悩まされたために、雨乞いから始まったといわれている。その後、「因幡元祖傘踊牛頭天王」の幡のもとに、高岡の氏神様「牛頭天王」に美しく彩った長柄の傘を持つ踊りを奉納したという（『国府町誌』、山川出版社『鳥取県の歴史散歩』ほか）。貞観五年（八六三）十一月、朝鮮半島の新羅国からの商人五十七人が因幡の荒坂の浜（現在の鳥取市福部町）に着いたという記録がある（『三代実録』）。西部の山岳地帯の森の中にある高岡神社も同じく素戔嗚命と稲田姫命を祭る。この地域もかつては大草《おおかや》（大伽耶）郷となっていた。

さらに当地方は素戔嗚命の父親の経津主命（布都）を祭る高鉾神社（旧宇倍野村山根、境内の山根神社は素戔嗚命を祭る）、木花開耶媛命《このはなさくやひめ》を祭る室神社（旧宇倍野村）、彦火火出見命を祭る神垣神社（旧宇倍野村神垣）などがある。また伊福部氏が祭る宇倍神社もある。神社の祭神は武内宿禰命であると神社の説明にあるが、神社が亀金の丘古墳にあることから元々は伊福部氏の祖廟であろうといわれる。伊福部氏には延暦三年（七八四）に伊福部臣富成が撰した家系図『因幡国伊福部臣古志』があり、それには第四代に「天日鉾命」の名がある。朝鮮半島からの渡来系金属精錬集団が祖先であることを示している。

12　出雲の新羅神社

古代の出雲は一大海洋国家である。朝鮮古語で親戚をアザムといい、イズモはこのアザムが変化したといわれる。出雲は古代に素戔嗚命とその一族が開拓した王国で、素戔嗚命（須佐之男、須佐袁命）とその子孫の神々の国である。『紀』に素戔嗚命は子の五十猛命を率いて新羅国に天降り、曽尸茂梨《そしもり》（ソホルで都の意）にいたがこの地には居たくない、と言い埴土《はに》を以て船を造り、それに乗って東に渡りて出雲の簸《ひ》の川（今の斐伊川）の上流にある鳥上の峯に至った（すなわち天降りした）、とある。出雲は国造りの段階から新羅と係わりが深かった。『出雲国風土記』に支豆支《きづき》（杵築）御埼《みさき》（今の日御碕）は栲衾《たくぶすま》新羅から引き寄せたとある。また出雲の国造りの神八束水臣津野命《やつかみずおみずぬのみこと》（『記』によれば素戔嗚命の四世の孫、大国主命《おおくにぬしのみこと》の祖父）が出雲の国造りを行なう際に、高志《こし》の国の都々《つつ》の三埼の余りを引いてきて三穂野《みほの》埼にしたとあるので、越の国との係わりも深かったことがわかる。

大田市の北東部（久手町）には孝元天皇（第八代）の頃に若狭、越の海人部が来て土地を開いたという伝説が残っている。『紀』の垂仁天皇の条には意富《おお》加羅国の王子都怒我阿羅斯等が北海より廻りて出雲を経て穴門に至ったとある。即ち『紀』の神代に素戔嗚命が八岐大蛇《やまたのおろち》を切った剣を「韓鋤《からさび》の剣」と記しているので、この剣は韓国《からくに》製、新羅製であった。平成十年八月に松江市の西川遺跡から弥生時代前期の人面付土器の一部に細面で切れ長の目を持つ渡来系弥生人の顔が発見され、渡来系の人々の居住が確認されている。現在、新羅神社があるのは西出雲の石見地方である。かつては出雲の中央部にもあったと思われるが、出雲大社を中心とする地方は大和政権に服従の過程で新羅が消されたのであろう。しかし西出雲は神武天皇以前の大和の大王饒速日命を祖とする物部氏の地である。大田市五十猛町《いそたけちょう》の林正幸氏の『五十猛今昔』の中に日本で最も古い朱の丸の旗の写真がある。物部神社の神紋も日の丸に鶴である。出雲には新羅の太陽信仰が持ち込まれていたことがわかる。

韓神新羅神社

石見地方は大田市を除く大半は山岳地帯である。石東地方を有名にしているのは素戔嗚命神話と新羅神社である。大田市五十猛町（磯竹）の新羅神社は「韓神新羅神社」。韓は半島の加羅、加耶であり後に新羅に併合されたので総称して新羅とされる。神社は五十猛漁港（大浦湾）の小高い台地（泊り山）にある。背後は韓郷山《かんごう》。社殿は東向き。鳥居の前の石柱に韓神新羅神社の文字、幣殿の正面の欄間には韓神新羅神社正三位千家尊福敬書の額が掲げてある。本殿は流造。祭神は武進雄命（素戔嗚命）、大屋津姫命、抓津姫命《つまつ》の三神。本殿の右に船玉神社がある。大阪の住吉大社も摂社の船玉社を持つ。祭神は天鳥船命、猿田彦命で船の守護神である。境内社に亀宮（祭神・龍宮の亀）、龍社（祭神・龍蛇）など四社を持つ。何やら、対馬の龍宮伝承を思いおこす。航海の守護神。湾内に海馬を産し、冬期には龍蛇がこの港に上陸するといわれている。正月の神事「グロ」は大浦に上陸する龍蛇を新羅神社に奉納する行事で、五十猛命とともに新羅から渡来の龍蛇で、それがトグロを巻いている形から「グロ」の名称となったともいわれる。大浦は大辛浦とも韓浦ともいわれ、素戔嗚命が新羅から渡来した時その船を繋留した湊といわれ、五

韓神新羅神社の扁額

十猛命も大屋津姫命、抓津姫命とともにこの大浦海岸に上陸したという。少し南の宅野港に浮かぶ韓島も両者の上陸地点で、韓島（辛島）は神島ともいわれている。

韓島（辛島）に韓島神社（祭神・素戔嗚命と宗像三神）がある。五十猛町には韓国《からくに》に所縁の名が多い。大浦湾の「大崎が鼻」は往古、辛の崎、韓の崎であった。『記紀』神話は素戔嗚命が簸川《ひかわ》上流の鳥上山に天降ったとあるが、この地方も韓国と出雲の交通の要であった。この地方には「白石」や「日の本」などの地名もある。韓島の隣は逢島で五十猛命が妹神と逢った島である。さらに五十猛町の逢浜（現在の龍宮荘前）も同じで、植樹のために分かれたところが神別れ坂といわれている。大浦の明神は素戔嗚命、湊の氏神は五十猛命、大屋町には大屋姫命神社（祭神・大屋津姫）がある。

五十猛神社

ＪＲ五十猛駅前に逢浜海岸がある。社殿は海岸の砂で出来た丘陵地（字湊宮山）にある。境内は砂地。祭神は五十猛命、大屋津姫命、抓津姫命。祭礼の神輿は新羅神社との間を往還する。当社の祭神は、素戔鳴命とともに新羅国より天降りし悉くの樹種を韓地に殖えず、日本に持ち帰り筑紫より始めて日本国内の全土に植樹し青山としたという。「五十猛命の帰還の日当国の大浦において素戔鳴命は御鎮座を引渡し、唐の縁により韓神と号し祭る」。この時素戔鳴命の子の三神は別々に当所に来られ海辺に並んで逢い給うその地を行逢坂という。また去名坂、神別坂という（『五十猛村誌』）。

その後に五十猛命は紀伊国名草郡の伊太祁曽《いたきそ》神社（出雲では伊太氐《いたて》神社）に祭られている。五十猛《いたけ》と伊太《たて》氏は朝鮮語と日本語の同訓であり伊達《いたて》も同じ。また一時、磯竹とも表記された。五十猛命は韓神曽保利神ともいわれ宮中に坐す神である。「神仏図会」には「五十猛神は近江国新羅大明神是なり」とある。境内には神宮寺の遺跡がある。出雲に帰還した五十猛命が筑紫国から植樹を始めたのは、筑紫に怡土国という最初の根拠地があったためであろう。植樹を行い開拓した神で社殿は新羅神社より大きい。両社とも林春夫氏・夫人泉さんに案内していただいた（現在の宮司は子息の林隆則氏）。

素戔鳴命の本社、須佐神社

簸川郡佐田町（現出雲市）にある。古くは北の宮尾山にあった。宮司は須佐の国造である（国造の制は大化改新で廃止されたが出雲、紀伊、阿蘇、尾張のみ残された）。「須佐神社（須佐大宮）」の栞および小冊子「須佐神社の由来」によれば、宮司の須佐大宮司家は国土開発に功ありし国つ神の末裔であるというので、国造に命ぜられたのは、第二十四代益成宮司の時で、成務天皇三十年（一六〇）、今より千八百年前のことである。それより、出雲太郎、出雲次郎を名乗っていたが、永享年中（一四二九〜四〇）出雲国司にはばかり、出の字を除き、代々交代に雲太郎、雲次郎として今日まで、連綿と七十八代、二千六百四十余年を経ている。今の宮司建紀氏は雲太郎である。須佐の姓は明治の初めにつけたもので、それまでは、須佐国造某と名乗るを常としていた。神社の祭神は須佐能袁命（須佐之男命）、稲田比売命、足摩槌《あしなづち》命、手摩槌《てなづち》命。鳥居の背後に「塩井」といわれる小池がある。この塩井は日本海に続いており、湧出の間歇は汐の満ち干と関係しており、素戔嗚命がこの汐を汲みこの地を清められたという。

『出雲国風土記』に素戔嗚命の終焉の地とある。神社の由緒書は「須作之男命の社は出雲国内にも全国にも数多くあれども、真の本社は此の社にぞ有りける。然るを世人これを知らずして杵築大社或いは素鵝《すが》社または京の祇園などをこの神の本社と謂える。須佐之男命が諸国を開拓し須佐の地に来られ、最後の国土経営をされたのでその名をとって須佐とした」とある。天照社は末社である。素戔嗚命は仏教では牛頭天王とされるが、当地では、古代の人々の心の中に須佐之男命（素戔嗚命）こそが、古代の日本国を最初に治めた神として記憶されて来たと思われる。須佐郷は元来スサヲの郷と呼ばれていたが、ヲが失われスサとなり須佐の二字を当てたという。神事は陵王舞《りょうおう》（王の降臨）、八雲神楽など。「切明神事」（念仏踊）は伝説によれば神功皇后が三韓征伐後帰朝の砌《みぎり》、韓人がこの踊りをして奉迎したことが起源という。

素戔嗚命の日本総本社、日御碕神社

大社町日御碕《ひのみさき》（現出雲市）にある。日御碕は杵築の崎ともいわれる。国引き神話に新羅の国の余りで支《き》豆支《ずき》の御埼としたとある。祭神は神の宮（上の宮）が神素戔嗚命、日沈宮（下の宮）は天照大御神。社殿の入口に日本の総本宮、神の宮と書いてある。先に見た須佐神社が素戔嗚命の本社であったが、こちらは総本社である。

元々この神社は美佐伎《みさき》社《のやしろ》（『出雲国風土記』）といわれ、これは新羅の三埼を意味する。したがって元は新羅三埼（美佐伎）神社、新羅の社あるいは韓国神社といわれたのであろう。日御碕神社は権現造。日御碕社は新羅と同じ太陽神を祭る社であるとともに海を守る航海神でもあった。境内社は神社の西の山麓にある韓国神社（祭神・素戔嗚命、五十猛命）。説明板に韓国神社の背後の山を韓国山といい、明治初年までは山の中腹に西面して鎮座していたが政令により境内社となったとある。流造の小さな社殿。祭事も特殊なものが多い。

天の下造らしし大神の出雲大社

出雲大社は説明の必要はない。新羅系の神、素戔嗚尊の子神の大国主大神《おほくにぬしのおほかみ》を祭っている。『出雲国風土記』には「天の下造らしし大神」と書かれているので国造りをした神として崇められていたのであろう。古くは杵築《きつき》の大社《おほやしろ》と称され、杵築御埼（日御碕）を港として海外からの新文化を取り入れ半島や北部九州などと交流を持つ出雲国の中心であった。境内社に素鵞《そが》社があり素戔嗚尊（須佐之男《すさのお》尊）を祭る。出雲大社の歴史は古くいつ誰によって建てられたのかの史料はない。大社の西方に摂社上の宮（素戔鳴尊・八百萬神）、末社下の宮（天照大神）がある。

物部神社

饒速日命（素戔鳴命の第五子大年神であり天照の子孫の彦火火出見命でもある）を祖とする物部氏が祭る物部神社が大田市の南の三瓶山の麓にある。祭神の宇摩志麻遅命《うましまじのみこと》（可美真手命《うましまで》）は天鶴に乗り石東の地に降臨しこの地を開いたといわれている。父は天神の御子で櫛玉饒速日命。十種神宝を奉じ天磐船に乗って三二神と二五部の物部集団を率いて河内の哮ケ峰《たけるがみね》に天降り、長髄彦《ながすねひこ》の妹三炊屋媛《みかしきやひめ》を娶って生んだ子神が宇摩志麻遅命である。この祭神は物部集団の兵を率いて尾張、美濃、越、播磨、丹波を経て石見国に入ったという。

13　美濃の新羅神社

多治見市は古代の美濃国土岐郡で渡来系氏族である秦氏と係わりが深い。古代の美濃（三野）は畿外であったが、養老町の象鼻山一号墳は三世紀の前方後円墳で奈良の箸墓古墳より古く、古代の濃尾平野には大きな政治勢力が存在したといわれている。古くから渡来系の人々の定着があった。『続日本紀』に、霊亀元年（七一五）七月、美濃国本巣郡の東部地域を分割して席田郡を建置し、尾張国から席田君邇近をはじめ、新羅からの渡来人七十四家を移貫とある。壬申の乱（六七二年）で大海人皇子に味方して活躍した美濃地方の軍隊は、席田郡の建置以前からそこに土着していた新羅系の渡来人で、北陸の若狭湾や敦賀湾から入ってきた人々であるといわれている。

素戔嗚命を祭る新羅神社

多治見市御幸《みゆき》町。郷社新羅神社と刻んだ大きな石柱がある。多治見市は濃美平野の北部、土岐川に沿った街で陶都といわれ、古来より陶器の生産が盛んであった。明神鳥居に新羅神社の扁額。厄除橋を渡ると拝殿、祝詞殿、幣殿、本殿がある。権現造の社殿は飛騨高山の名工の作といわれている。当神社は多治見市の氏神とされ、古くは田只味《たじみ》郷の田只味明神であった。祭神は素戔嗚命、八王子神、八幡神。境外社に津島神社がある。宮司は篠原寛治氏（現在は娘婿の須永啓之氏）。篠原宮司に神社の由緒を尋ねた。宮司は「当神社に係わる資料や史料は残っていない。いずれ整理してまとめた資料を差し上げましょう」と言われたが、その後体調を崩された。宮司は「明治時代以前には、この地域周辺の神社には新羅神社という名称が多くあったが、その後、名称を変更してしまったものが多い」とも話してくれた。当神社発行の『やしろの栞』の中の由緒の記載は「飛鳥～奈良時代より祠があり、田只味郷の産土神として田只味明神（八王子神）を祀り、鎌倉時代八幡大神を合祀した…新羅神社は古くは、田只味明神・新羅三社宮とも云えり」とある。元々新羅系の人々が祭った新羅神社が起源であろう。須永宮司にいただいた『神社明細取調書・多治見村』には「創建年月不詳…田只味明神之ナリ…」とある。

大和岩雄『古事記と天武天皇の謎』の一文に「トキは都祁と書かれることからツゲとも読まれる。大和の都祁国、摂津の菟餓（都下）は…いずれも迎日の『トキ』『ツゲ』であり、新羅系氏族が多い。土岐郡出身の大津皇子の従者も新羅系氏族の子弟と推察できる…」とある。当社は源氏との係わりもある。美濃源氏は清和源氏の系統である。

14　伊勢の新羅神社

伊勢国（三重県）は、伊勢神宮が祭られているために、天孫系の神の地と思われがちであるが、現実は渡来系の神や地主神が多い。現在の三重県は伊勢、志摩、伊賀の三国からなっている。『伊勢国風土記』逸文によれば古代の伊賀国は「加羅具似《からくに》」といわれたという。韓国《からくに》の意であろう。伊勢国の名は『伊勢国風土記』逸文や『紀』に、天日別命が国津神の伊勢津彦を追放した際に、神武天皇から国神の名を取りて伊勢と号《なづ》けよとの勅がありそれに従ったとある。

さらに『伊勢国風土記』逸文に「伊勢というは、伊賀の安志《あなし》（阿山郡柘植町の式内社穴石神社）の社に坐す神、出雲の神の子（大国主神の子の意か）、出雲建子命《いずもたけこ》、又の名は伊勢都彦命、又の名は櫛玉命《くしたまのみこと》なり。此の神、昔、石もて城《き》（とりで）を造りてこゝに坐しき」、そして「伊勢津彦の神は近くの信濃の国に住ましむ」と記載されている。信濃との交流があったことや、出雲族がいたことがわかる。当地方の松阪市嬉野町の貝蔵《かいぞう》遺跡からは二世紀末の弥生時代の土器に筆記具で墨書された「田」の文字（平成九年）、片部遺跡（四世紀前半）でも「田」の文字の墨書がある土器が発見されている（平成八年）。水野正好氏は「墨書を狗邪韓国のような朝鮮半島や中国との交易の盛んな地域からの渡来人によるものと想定、大和に直結する瀬戸内海は難波津、日本海は敦賀や三国の津、同様に太平洋側の伊勢の津でも文字を使える渡来人がいた」と解説している（平成九年九月十一日『読売新聞』）。すでに伊勢の津が朝鮮半島や中国との交易上の重要な港であったことは、太平洋を経由する渡来文化があったことを示している。

(1)　亀山市と周辺の新羅神社

亀山市から関町にかけては白木町、白木一色などの町名が残っている。新羅系一色である。

亀山の由来は「神社のある山を表す神山（忍山）が亀山に転訛した」といわれる。

素戔嗚命を祭る忍山神社

忍山《おしやま》神社は、元々「布気神社」「白鬚神社」「新羅神社」であった。案内板に「式内社忍山神社・白鬚大明神」と書かれている。拝殿と唯一神明造の本殿がある。鎮座地は亀山市野村大字野村字忍山（現野村町）。主祭神は猿田彦命（本宮）の白鬚大明神。また天照皇大神（別宮）も祭る。そのほかに天児屋根命《あめのこやねのみこと》、天布刀玉命《あめのふとだまのみこと》、素戔嗚命（天王社）、大穴牟遅神《おおあなむじ》（和賀社）を祭る。忍山宮の神官忍山宿禰の記した『社記』に地主神饒速日《にぎはやひ》命五世の孫伊香我色雄《いかがしこお》命とある。現在の宮司は桜井弘之氏。神社の由緒は少し複雑である。元々はこの神社は『延喜式』の布気神社であり、布気神社は野尻村（布気町野尻）布気林《ふけばやし》の低湿地帯にあった。布気はアイヌ語の「ブケ」（低湿地や窪地の意）の転訛したもの。蝦夷系の人々に代わってここに入植したのが猿田彦命の一族である。そして祖神の猿田彦を祭り土地の名をとり布気神社と称した。その後、このフケ（布気）の語が転訛してヒゲ（鬚）となり、さらに白鬚と訛して当社を白鬚大明神というようになったという。現今、白鬚大明神は猿田彦命の異名となり、全国にあまねく祭祀されているが、この意味からすれば当社はこれらの白鬚大明神の元宮ともいえることになる。江戸時代には白鬚社とも呼ばれた。

この白鬚神社は新羅明神ということであり、中島利一郎『日本地名学研究』には、古い朝鮮語の「クナル・クナラ（白髭）」からきたものとある。クナル・クナラとは「大国」または「貴い国」を意味している。貴国は新羅であったであろう。一方『社記』には、垂仁天皇十四年に皇女倭姫命《やまとひめのみこと》（倭比売命）が天照大神を御遷幸した地を「味酒《うまさけ》の鈴鹿国奈具浪志《なぐはし》（鈴鹿郡の名高いの意味）忍山《おしやま》」といい、神宮を忍山宮または小山宮（皇大神宮）と称した。しかし文明年間（一四七〇年代）兵火に遭い本宮、摂社、末社、神宝等ことごとく焼失、神官は御神体を奉戴して白木山に避難した。兵乱の後、元の地に奉斎すべく神宮の再建を目指したが資力がなく、布気神社の社に仮宮を営んでこれに奉祀した。その後布気神社を本社とし忍山神社を合祀神社とすべきを、社名に忍山神社を残し布気神社の名を削除したため、布気神社は忍山神社に庇を貸して母屋をとられた形となったともいわれている（『亀山地方郷土史』）。元々忍山神社は白鬚明神の布気神社であり、神社の神官が饒速日命の子孫であるので出雲族の直系としての白木山の新羅神社であった。当社は合祀神二十三神を持つ。拝殿には牛頭天王（王）と弟橘媛の額がある。毎年十月の「傘鉾の祭」（亀山市無形文化財）は、素戔嗚命の荒魂をなぐさめるために古くから行なわれた神事の一つといわれる。

白木町にある白木（新羅）神社

亀山市白木町にある。現在は白川神社という。この神社は白木町の白木山にあった白木神社と小川町（隣町）の八幡社を統合したため白川神社という名称にしたという。白木町は古くは白木村であり、鈴鹿郡の豪族白木城氏が居住していた。当地は白木村、小川村、白木一色に分かれていたが、明治時代に白木一色は関町に入り、白木村と小川村は亀山市に入った。亀山から関にかけては新羅（白木）の人々の大きな集落があった。神社は鈴鹿山脈の明星ヶ岳の麓にある。白木町は上白木と下白木の集落に分かれており、白川神社は上白木の白木山の中腹にある。社殿は神明造。境内には龍祭神の小さな祠もある。説明板（平成七年一月一日）によれば「祭神は天照大御神、天宇受売命《あめのうずめ》（天鈿女）、伊邪那美命、大山津見命、市寸嶋比売命、火之迦具土命《かぐつち》、大穴牟遅神、品陀和気命、須佐之男命、木之花佐久屋比売命、瀬織津比売命、宇迦之御魂神の十二柱」とあって、多くの神を祭っているが、白木山の白木神社の祭神は素戔嗚命であった。下白木に「白木山誓信寺」（真宗）という寺がある。白木山の麓であるので白木神社と関係があったのであろうか。また、白木町の西、明星ヶ岳の中腹に白木国分寺がある。天平十五年（七四三）の創建といわれる。

(2)　鳥羽市の新羅神社

鳥羽市は志摩国である。鳥羽港に注ぐ加茂川沿いに近鉄線の白木駅がある。白木は新羅である。鳥羽港も大陸や半島との港運の窓口として早くから使われ、太平洋を渡来した人々がこの地に住んだようであ

白木町の白木神社跡地

る。

白木町の白木神社

鳥羽にも新羅系の人々が住んでいた。白木駅前に白木川があり白木橋を渡ると、白木町である。白木町の白木神社は、明治三十四年松尾町の加茂神社に合祀されて、今は跡地のみ残っている。跡地は白木川に沿った道路の一角。百五十〜二百坪くらいの広さの土地、一見して境内地跡であることがわかる。奥の方に大きな石が積まれた石垣が若干崩れながらも残っている。神社は白木の集落の入口にあった。白木について加茂村農業委員会『文献集』には、志摩国答志郡白木村と書いてある。字地は海道と付くものが多く海道、寺海道、八路海道などである。海路とのつながりを示したものであろう。『安政三年宗旨御改帳』にも白木村の説明があり、その中に氏神壱社八王子とあるので当時は八王子社といわれていたようである。『諸国誌草稿』の白木神社（古八王子社と称す）の説明は「答志郡白木村字海道に在り、祭神天忍穂耳命、天穂日命、熊橡樟日《くまののくすび》命、天津彦根命、活津《いくつ》日子根命、田心姫、市杵島姫命、湍津《たぎつ》比売命。本村創建の時より之を祭る。八王子社と称し産神となせしを明治六年今称に改む」とある。

当地に白木村や白木川が存在していることからすると、神社の本来の祭神は素戔嗚命であったであろう。現在、白木村の人々は合祀の加茂神社へ行くのは時間がかかるので村内の旧字石神の地に、白木石神大神なる神を祭り春秋に祭礼を行なっている。

白木神社が合祀された加茂神社

加茂川に架かる松尾橋を渡る。社殿は山裾の森の奥。境内の樹木は、台湾、中国南部より琉球、九州、四国を経て、本州紀伊半島の一部に分布するものであり、学術的にも貴重である、と説明がある。渡来の人々の航路を示しているようである。加茂神社（鳥羽市松尾町）の宮司は野村逸良氏。主祭神は五男三女神で八王子神である（天忍穂耳命、天津日子根命、天之穂日命、活津日子根命、熊野久須毘命、多紀理比売命、多岐都比売命、市杵島比売命）。御神体不明。合祀の神、白木神社（大字白木の八王子神）、八王子社（旧道仏八王子　五男三女神、稲田姫命、建速素戔嗚命）、萩原神社（素戔嗚命）など。野村宮司の話では蕨岡《わらびおか》にあった蕨岡神社（八王子神）が元々の社であり、明治四十三年、大字白木村社白木神社、大字岩倉村社加茂八幡九鬼神社などを蕨岡神社に合祀の上、加茂神社と称したという。

『松尾村地誌』に「蕨岡神社、社格村社（中略）本社の西方に小社を建てて素戔嗚命を祭る。明治六年本称に改む」とあるので、こちらも元々は素戔嗚命が祭神ということであろう。また、松尾村の蕨岡神社は古くは松尾神社で、京都の賀茂氏一族が南下し、京都の松尾大社（秦氏が祭った神であり、松尾神は秦忌寸都理が葛野に勧請したとされる造酒神）に所縁の人々が松尾村を造り、松尾神社を勧請したともいう。京都の上賀茂神社は別雷神であるが、当地の加茂神社は八王子神が祭神であり、航海の神といわれている。加茂神社の近くには京都の地名（加茂川、岩倉、河内等）が多い。社の前を流れる加茂川は、昔は下流の松尾村一番地、船津まで鳥羽港から船が入った港であった。ここから開拓の人々が入ったのであろう。本殿は伊勢神宮と同じ唯一神明造である。七月十四日の天王祭（大祭）では牛頭天王の護符授与が行なわれる。これは素戔嗚命が祭られていることを意味する。現在の白木駅は松尾町にあるので松尾にも白木と言われる神社があったかもしれない（『鳥羽誌』『三重県神社誌』『志摩国郷土史』『加茂神社十年のあゆみ』ほか）。

(3)　伊賀市の新羅神社

小宮神社

神社は伊賀市服部町にある。伊賀上野の寺町から芭蕉翁生家を過ぎると服部川である。川を渡ると神社の森。当社の由緒書はないが当地は服部町の中心で服部氏族の神社という。祭神は呉服姫命《くれはひめのみこと》（呉服は服部の意）。近くを流れる服部川は呉服川《くれは》といった。当社の祭神について、谷川健一『日本の神々』は「『惣国風土記』に園韓神《そのから》とし、『延長風土記』は服部氏の祖先が小宮大明神と狭伯《さはく》大明神を祀ったとする、ま

小宮神社（伊賀市）

た『伊水温故』は秦酒君の霊社で服部氏の祖神なりとし、…俗伝として諏訪大明神というのが小宮で、牛頭天王というのが狭伯神と伝えている」という。杉の大木の中。社殿は南向。入母屋造の拝殿。拝殿の扁額には中央に小宮神社、右に蛭子《えびす》社、左は狭伯《さはく》社とある。本殿は流造であるが、唯一神明造に似ている。境内社は本殿の左右にある。右は蛭子社。左は狭伯社（建速須佐男命、天児屋根命、少彦名命）。

第二節　瀬戸内海を東進した新羅の神

対馬、北九州、瀬戸内海を経て大阪湾から山城、近江、北陸、丹後、但馬などへ入植のルートも古代から存在した。このルートは天日槍の渡来伝承や応神天皇、神功皇后に係わる伝承が多い。半島の新羅は三五六年、百済は三四六年、加羅は三六九年の建国であることから推測すれば、古代の大和は三七〇～三九〇年頃に在位したと言われる応神の頃ということになる。しかし、まだ大和をはじめ各地に多くの豪族がおり、大王の支配が確立するのは七世紀以降である。日本海側と同様に、瀬戸内海ルートの発着地である難波には古くからの渡来人の足跡が多く残っている。

1　摂津の新羅神社

古代の大阪湾を描いた『難波之古図』（一〇九八年作製）を見ると、当時の淀川河口から南は大きな海であり、海中には大きな砂洲から成る島がいくつか形成されていた。その中に新羅洲や百済洲、白髪橋《しらがはし》・新羅岬《しらぎがみさき》あるいは志羅《しら》ケ池《がいけ》などの地名が載っており、渡来系、特に新羅系の人々の居住区であったことがわかる。この古図によれば、淀川の河口部に大きな島状の砂洲がある。いわゆる難波の八十島である。八十島は古代の天皇が即位の前後に八十《やそ》島祭《しままつり》りと言われる禊《みそぎ》の儀礼を修した場所である。南北の渡辺島を結ぶ渡辺橋がある（渡辺橋は現在の天満橋の近く）。北渡辺村は現在の天満の地にあり、このあたりは「新羅江」と呼ばれていた。

新羅江に住んだ人々は、古代に天日鉾命が妃の赤留比売を追って難波まで来たが、難波の「渡しの神」（豪族）に遮られて上陸できず、淀川を溯って近江の国へ行った際に北渡辺に残った一族であるといわれている。「新羅江」の名称は居住した人々の集落名である。さらに十一世紀の『浪華古図』には北中島（久太良洲）と南中島（新羅洲）が描かれており、久太良洲には久太良里、船場、久宝寺、牛頭天王、難波寺などが見える。新羅洲の南中島には志羅ヶ池がある。現在の本町にある「あみだ池」は志羅ヶ池の跡といわれている。また現在白髪《しらが》橋があるあたりは白洲崎《しらすざき》（新羅岬《しらぎがみさき》）と呼ばれ白髪町といわれていた。また『摂津名所図会』（一七九六～九八）には「白洲崎、今の西堀より西の方の惣名なるべし、実は新羅岬なり。むかし新羅船ここに着岸して貢物を献りし所という。後世又訛りて白髪町、白髪橋という。新羅の謬なるべし」とある。地名には新羅の当て字として、志羅城、白木、白髪などの文字が使われたものが多い（『大阪府志』『渡来人のあしあと』ほか）。現在の中央区、西区、浪速区、住吉区のあたりまでは新羅系の人々とつながりが深かった地域である。

難波の新羅洲にあった新羅神社

神社は明治四十年に坐摩《いかすり》神社から分離独立して浪速区西浜町（現在は木津川町に改称）に遷座した。白木神社と言う。神社は南海電鉄汐見橋線（終点駅が汐見橋）木津川駅に近い。古代のこのあたりは、砂洲や海であった。したがって白木神社や住吉大社は難波の海（住吉の津）に沿って祭られていた。白木神社の祭神は市杵島姫命《いちきしまひめのみこと》。宗像神社の辺津《へつ》宮の姫神である。当地にも海人族が活躍していたのであろう。素戔嗚命が見られないが北中島に牛頭天王社が見られたので古くは祭られていたと思われる。あるいはこの神社の祭神は比売許曽の女神であったのかもしれない。創立年代不詳。

神社は元々難波の島、北渡辺村（新羅江）にあったが渡辺村の人々は天正年間の大坂城築城の時に他所に移された。北渡辺村の人々は元禄年間に浪速区西浜（現木津川二丁目）に「渡辺村」を作った。北渡辺村の新羅系の人々が祖神を祭った祠が新羅神社であり後に新羅を白木に変えたものであろう。社殿の前に朱色文字で白木神社と刻まれた石碑がある。鳥居の扁額も白木神社。

坐摩神社

中央区久太郎町四丁目渡辺にある。坐摩《いかすり》神社『由緒略記』によれば、祭神は、生井《いくい》神、福井《さくい》神、綱長井《つながい》神、阿須波《あすは》神、波比岐《はひき》神（波比祀）の五神であり、もとは住吉神社の末社であった。古くは、大川の沿岸の渡辺村に鎮座していた。この祭神は井泉と家と庭を護る神である。当社は宮中三十六座の中の五座の名社。この神社は古代、南渡辺村にあった。その後豊臣秀吉により渡辺村から現在の西船場の西横堀川に近い現在地へ移転させられ移座した。

この神社を新羅系の神とみたのは次の理由からである。新羅江の村にあったこと、『住吉大社神代記』に「坐摩の神は住吉の大神の御魂」と記載されていること、坐摩神社の宮司は渡辺の姓を名乗るが三代前までは都下《つげ》を名乗り、祖を都下国造とし現在の宮司は五十七代目であること、白木神社が一時合祀されたことなどである。『三国遺事』に「新羅で絹を祭った祭天所を迎日県または都祈野といった」とあり、谷川健一編『日本の神々』にも「この新羅の都祈野と同じ地名が菟餓《とが》（都下）野であり都下国造が祀る坐摩神社の所在地である」とある。また坐摩神社の南にある西成区には秦氏がいたことが知られている。『坐摩神社誌』は「創立に関しては文献が無い」と記して諸説を記載している。『古語拾遺』および『旧事本紀』などには「神武天皇の時に宮中に奉祀され、神祇官西院に鎮座した」。『坐摩神社縁起書』には「神功皇后が新羅征伐の御神託を受けその帰途に浪速の国田蓑島大江（渡辺橋の辺り）に坐摩五神を祭った…」。『社家記』には応神天皇創祀説、『住吉大社神代記』には「仁徳天皇の皇女波多毘若郎女の夢に住吉大神の御魂が現れて託宣があり祭った」など。諸説があるがこの神を祭ったのは応神天皇の可能性が強い。何故ならば応神天皇は渡辺村に近い八十島で大嘗祭に伴う禊の儀式を行なっているからである。

海人を祭る住吉大社

住吉大社を新羅神社とみたのは、明治の初期まで「新羅寺」という神宮寺があったこと、住吉神は新羅洲の対岸にあり、新羅系の渡来人と係わりがあったためである。江戸時代の境内図によると第一宮と摂社大海神社《たいかいじんじゃ》の間が新羅寺の境内で大伽藍であった。現在は社務所の裏側の塀と林の間にある道の一角に石積の土台の跡が残っている。「住吉神宮寺跡」と書かれた石柱がある。

『住吉名勝図会』『摂津名所図会』などには「当寺は天台宗に属し本尊薬師如来を祭る本堂を中心に…巨刹であった」。さらに「勘文曰くとして、天平宝字二年（七五八）霊告によって経始す。…曰く本尊は三韓より伝来の新羅寺の仏像である。石櫃に入れ内殿の土中に納める秘仏で蓋を開けたことがない。新羅の仏像故に新羅寺と号したとなっている」と記載してある。新羅寺について禰宜の川崎氏に聞いてみたが、壊された後は不明とのことであった。

住吉大社は住吉の津にあった。難波の海の守護神で海人族の祭った神であり、航海安全の神として崇拝された。祭神は、表筒男命、中筒男命、底筒男命と神功皇后（息長足姫命）である。これは海神三神が神

住吉神宮寺跡地

功皇后の三韓出兵の際に海路の案内に活躍したため凱旋の後、神功皇后とともにこの地に鎮祭されたといわれている。この海神は安曇族の祖といわれる底津綿津見神、中津綿津見神、上津綿津見神と同じである。元々は対馬や筑紫が本拠地であったと思われる。新羅寺跡から少し北東の奥に摂社、大海神社《たいかいじんじゃ》がある。この社殿も住吉大社と全く同じ形式の住吉造の本殿を持ち、西向きに建てられている。祭神は豊玉彦命・豊玉姫命の二神である。対馬の「鶏知」にある白江山の麓の住吉神社も境内に和多都美神社（海神）を祭っている。ただし、鶏知の住吉神社の祭神は鵜茅葺不合尊・豊玉姫・玉依姫である。境内社の和多都美神社の祭神は彦火火出見尊、鵜茅葺不合尊、豊玉姫命。白江は新羅江の新羅邑であった。当社の特殊神事に「卯之葉神事」がある。卯は東方を指す。彦火火出見命は日の御子であり、神功皇后の父方の祖は日子坐命、母方の祖は天日槍命、応神天皇も日の御子であり、いずれも太陽信仰との結びつきを示している。

新羅の女神を祭る比売許曽神社

東成区小橋にある。東成郡は元の東生郡で後に住吉、東生、百済の三郡に分かれた。社殿は元々真田山（姫山）にあったが信長の兵火に遭い現在地に遷座された。街の一角に「式内社比売許曽神社」の石柱がある。切妻平入りの拝殿と流造の本殿。社殿の説明に本殿の祭神、下照比売命（大国主命の子神）、相殿の祭神、速素戔嗚命、味耜《あじすき》高彦根命、仁徳天皇、用命天皇とある。祭神の由来は、『記』の応神朝に新羅の王子天日槍命の妻が逃げて新羅から難波に着き、比売碁曽社の神（阿加流比売神）となったとあり、『紀』では垂仁朝に大加羅国の王子都怒我阿羅斯等が追い求めた乙女比売語曽社の神とある。

これと似た物語が新羅にある。『三国遺事』に「新羅・阿達羅《あだつら》王の四年（一五七）に東海の浜辺で藻を採っていた延烏郎《よんおらん》という男がいた。ところが延烏郎が乗っていた岩が急に動きだして彼を日本に運んで行ってしまった。それを見ていた日本の国人が、この人は普通の人ではないとして国王にした。延烏郎の妻の細烏女《せおにょ》は…岩は細烏女も日本に運んだので、国王となった延烏郎は妻を妃にした。二人が日本に行ってしまうと新羅では太陽と月の光が消えてしまった」とある。二世紀中頃の渡来伝承（降臨伝承）と太陽信仰が日本にもたらされたことを示している。

この説話の意味は赤留比売（阿加留・阿加流とも書く）という巫女を戴いた新羅人の集団が渡来して難波に来たということであろうか。この姫社は九州豊前の姫島、香春、筑前の怡土（伊都国）、筑後小郡市、肥前の鳥栖市、広島の呉市、大阪南区、平野区、西淀川区にそれぞれ存在している。『摂津名所図会』には「小橋村の産土神。今の地は当村の産土牛頭天王の社にして、兵乱の時天地を失い此天王の社の相殿に移し祭る。亦の名、稚国玉媛あるいは天探女とも号す。神代に天磐船に駕り給い、この地に天降り給うにより高津と号しける」と説明がある。天磐船に乗り天降った話は『神武紀』にもある。物部氏の祖。

平野区の杭全神社

平野区は『和名類聚抄』によれば旧住吉郡杭全《くまた》郷であった。住吉郡の隣には百済郷があり、今でもJR関西本線には百済駅（貨物駅）があり、旧百済川（現在の平野川）、百済橋、百済小学校などがある。南北朝時代から戦国時代にかけての平野郷は堺と同じ自治都市であり環濠の跡が残っている。平野本郷は北部に杭全神社、南部に赤留比売神社を祭っていた。杭全神社は平野郷の産土神といわれ、坂上氏の祖、阿知使主（漢人系の渡来氏族）を祭った社で、百済系の神社といわれているが、この神社の祭神は明らかに新羅系の神である。すなわち第一殿（春日造）に素戔嗚命、第二殿（流造）に伊弉冉命《いざなみのみこと》・速玉男命・事解《ことさか》男《お》命、第三殿（春日造）に伊弉諾命《いざなぎのみこと》。境外社は赤留比売神社（三十歩神社）である。神社発行の『杭全神社』の説明によると「平野郷社縁起」に当社の由来を「昔坂上某に神託ましまして、我はこの郷の地主神也。…待つこと久し、即ち山城の国愛宕郡八坂郷祇園の牛頭天王これなり、今よりこの郷に崇め祭りなば安穏人民豊楽を守らんと宣い…」と記している。十一世紀の『浪華古図』には「久太良洲」にも牛頭天王社が描かれているので、素戔嗚命はこの時代には新羅の神から三韓の神となっていたことがわかる。当社は後醍醐天皇の頃には熊野権現社といわれた。熊野権現は素戔嗚命である。

赤留比売命神社

当社は平野郷南東部の平野公園の中にある。「杭全神社飛地境内・式内赤留比売命神社」と刻まれた大きな石柱が立っている。公園の西半分は旧環濠跡。祭神は赤留比売命。朱塗りの社殿。拝殿と本殿を持つ。神社の説明書と『杭全神社』によれば、「当社の祭神、赤留比売命は新羅から来た女神で天之日矛の妻と伝える。当地を開発した渡来氏族の氏神として祭るが創建は詳らかでない。式内社。かつては神吉大社の末社であった由緒で七月三十一日に行われる住吉神社例大祭『荒和大祓《あらにごのおおはらえ》』には当地の七名家より桔梗の造花を捧げるのが慣例となった。大正三年他の神社と共に杭全神社境外末社となり今日に至っている」。古来雨を祈る神といわれている。『住吉大社神代記』には赤留比売も下照比売も住吉大神の御子神となっている。東成区の比売許曽神社の祭神が阿加流比売（赤留比売）から下照比売神に変わったのに、当社の神は赤留比売神で変わらなかったのは、新羅寺を神宮寺とする住吉大社との関係からであろうか。この新羅の女神が住吉神社とも杭全神社ともつながりがあることを見ると、この両社とも新羅系の神社であろう。

2　河内の新羅神社

旧河内国の名称は大和の国から見て淀川の内側にあること（かわうち→かわち）によるという。この地方は四世紀後半の応神天皇に始まる河内王朝発祥の地である。応神は天日槍の子孫である息長帯姫命を母に持つ新羅系の王である。この時代には難波の海が次第に縮小し河内湖となった。

藤井寺市の辛国神社と葛井寺

河内国の中央部に藤井寺市がある。応神天皇に始まる河内王朝を中心とする天皇陵（前方後円墳）の一大集積地である。仁徳天皇陵を中心とした五十基にのぼる古墳群は百舌鳥《もず》古墳群といわれる。このあたりはかつて百舌鳥百済村があり百済川が流れていた。辛国神社は藤井寺駅の前。社殿は東向き、入口に「大阪皇陵」の石柱。社殿は入母屋造の拝殿と幣殿、渡殿。本殿は三間社流造。神社の由緒書に「祭神は饒速日命、天児屋根命、素戔嗚命の三神（饒速日命は瓊瓊杵命の兄。物部氏の祖神。天孫降臨に先立ち、天璽《あまのみしるし》の瑞宝《みずのたから》十種を授かり、大和建国の任務を受けて河内国哮《たける》ケ《が》峰《みね》に天降った…）。天児屋根命は藤原氏の祖神。…相殿品陀別命、市杵島姫命」とある。境内の「辛国神社由緒書」には「当社の創設は古く、雄略天皇の時代に創起された式内社で…この地方を治めることとなった物部氏が、その祖神である饒速日命を祭り、神社を創設した…物部氏の没後、同氏一族の辛国連《からくにのむらじ》が当社に深く係わるようになり辛国神社と称するようになった」とある。辛国神社の辛は韓であり新羅である。中国は大唐（もろこし）と呼称されていた。辛国神社は韓国（加羅国・新羅国）神社であり、『姓氏録』河内国に記載の「大賀良は新羅国郎子王の後なり」とある大賀良氏が祖神を祭ったともいわれている。

この地は元々、賀良国（加羅国）であったので神社名も賀良国（加羅国）神社となったと考えるのが自然である。境内に「辛国池の旧跡」の石碑がある。水の神を祭っていたのであろう。水の神を祭った新羅神社は全国に多く見られる。藤井寺市のあたりはかつての長野郷で、そこには長野連が祖神を祭った式内社の長野神社があったが、辛国神社に合祀された。祭神は牛頭天王、素戔嗚命。『藤井寺市付近の史跡・遺蹟・名所の解説』によれば「大体平安時代に入ってしばらくしてから、帰化人によって作られた氏神の祭神は全部といってよいくらい素戔嗚命に変わっている」とある。

辛国神社の前に葛井寺《ふじい》がある。藤井寺市の名称もここから来たといわれている。この寺は豪族葛井氏の氏寺であった。葛井氏は百済系といわれているので新羅系の神社と百済系の寺である。『縁起』に「葛井氏は応神天皇の時代（四世紀末頃）に百済から渡来してこのあたりに繁栄した百済国第十六代辰斯王の王子辰孫《ちそ》（智宗）王の後裔である」という。「葛井寺は奈良時代に葛井給子が聖武天皇の勅願により創建し寺域はもと葛井氏の邸宅跡である。その後桓武天皇の皇子葛井親王の菩提を弔うため阿保親王により講堂の再建が行われた」という。新羅系の神社がここに存在するのは『記』の仁徳天皇の条に「秦人を役して茨田堤《まむたのつつみ》また茨田三宅を作り…難波の堀江を掘りて海に通はし、また小椅江《おばしのえ》を掘り、墨江の津を定めたまいき」とある如く、秦氏一族が百済系氏族の入植以前に河内平野一帯に居住していたためであろう。秦氏族は新羅系氏族である（『藤井寺市の神社』ほか）。

河南町の白木（新羅）神社

藤井寺市の南にある。古代のこのあたりは古市郷や大友郷、錦織《にしごり》郷があった。近江の志賀郡と同じである。河南町には、白木上池、白木下池、白木小学校など白木（新羅）に係わる名称が多い。新羅人の居住地であった。古来白木三郷（白木・長坂・今堂）の鎮守は「牛頭天王社」で明治に白木神社と改名した（『河南町誌』）。元々は新羅神社であったものが白木神社に変わり、後に牛頭天王社となり明治に至り再び白木に戻ったということであろう。白木神社の祭神は素戔嗚命。白木村の人々は白木神社が明治四十年に千早赤坂の建水分《たてみくまり》神社に合祀されたので、大正八年、白木の地に遥拝所を設けた。遥拝所と刻んだ石柱が立っており、神社の敷石や石積みの礎石は残っている。石の鳥居（北向き）と灯籠がある。

かつて境内には白木観音堂があった。明治初めに廃寺となった。『町誌』に「明治維新以来、…祭祀の制度は整ったが、由緒深い古社は社有財産がないため財産のある神社に合祀して祭祀を厳かにするよう指令が出された。…大阪府指令、社甲第一一三八号。南河内郡白木村大字白木の村社　白木神社。郷社　建水分神社へ合祀の件、…」とある。白木村を説明した資料は多いが、『大阪府志』に「村名の白木は新羅の国訓に通ずるのみならず北方に多々良といえる字地あり。多々良は新羅城邑の名なり。蹈鞴《たたらつ》津の名、新羅にあり。されば恐らく往時の帰化したる新羅人の住せしより、この名をなせしに非ずや。多々良津にちなむ蹈鞴津は、現在の慶尚南道多大浦の古名である。中世この地は多々良村で、多々良の宮という神祠があったという。この地に勢力を持っていた多々良氏は朝鮮新羅の王族が帰化したもので、シラキ（白木）の名がこれから生まれた」とある。

また、安永の頃（一七七二〜八〇年頃）白木村から出た学問僧白庸法師の小伝に「河内石川郡新羅（白木）に生まる…」とあるので、当時までは新羅の文字が使われていたようである。遥拝所の西方に水分神社（地元では「すいぶん」と呼ぶ）がある。建水分神社は千早赤坂村水分にある。金剛山の麓。合祀の白木神は本殿の左殿に祭られている。摂社に多良神社がある。多々良（羅）は白木村にもあるが、多々良、多良は後に新羅国になる古代朝鮮南部の加耶諸国の中の多羅から来たといわれている。本殿は三棟あり中殿は春日造で祭神は天御中主神。本殿は西の大阪湾を向いている。建水分神社の由緒については神社の『御略記』に「創建は崇神天皇五年（前九二）に金剛葛城の山麓に水神として建水分神を奉祀された」とある。水分とは、水汲のことである。当社は古くは上水分宮とも称し、富田林市宮町の下水分宮（錦織神社）と対になっていた。

富田林市の錦織神社

この神社は百済系の渡来氏族が祭った神社といわれているが、古くは当地の産土神として「水郡《にごり》天王宮」とも「牛頭天王」「爾吾里《にごり》宮天王」ともいわれた。祭神は素戔嗚命、品陀別命、菅原道真の三神である。金剛山の上水分宮に対し下水分宮と呼称されたというので、本来は一対の社である。現在の社殿は鎌倉時代、錦織郡判官代の錦織俊政が祖廟として建てたもの。なおこの地の錦織源氏は新羅三郎義光の子孫から出ている。

3　兵庫県の新羅神社

(1)　播磨の新羅神社

当地方も大陸との往来の歴史が古く、渡来人に係わる伝承が多い。日本海側の但馬地方は、天日槍が居住し出石《いずし》文化が栄えた。但馬の津居山《ついやま》湾に注ぐ円山川（支流に出石川）の上流は中国山地の多々良木、生野であるが生野からは市川が流れ姫路を通り瀬戸内海の播磨灘に注いでいる。播磨地方には新羅の人々の住んだ新羅訓《しらくに》村があり、新羅神社も残っている。赤穂市には秦氏の族長の一人、秦河勝を祭る大避《おおさけ》神社がある。大避という表示は秦氏の祖が、秦酒公であったことから、酒が避となったもの。当地方も秦氏の遺跡が多い。尼崎市にも新羅系渡来人集落の穴太があり、そこには白井神社がある。新羅神社の転訛したものといわれている。『播磨国風土記』飾磨郡の項には新羅村の由縁や新羅系の人々の居住の様子が記載されている。

姫路市四郷町明田の新羅神社

新羅神社は南播磨灘に近い四郷《しごう》町明田にある。『兵庫県神社誌』は、しらぎ神社、『播州名所巡覧図絵』『姫路の文化財』などには、古くは、しんら明神と呼ばれたと記している。神社の立地と周囲の環境は静岡県の新羅神社に似ている。神社の南側は民家がほとんどない。姫路市教育委員会の『文化財見学シリーズ31』に四郷町の紹介がある。「村名の由来は各大字の用水源である四郷井からとったものである。四郷町の辺りは五世紀後半の代表的な円墳が見られ、古くより開けた土地である。神功皇后の説話も多く、元取山の東は御幡の鈴を建てられたことにより、鈴野と呼ばれ狩場となった」。集落の入口に神社の鳥居がある。唐破風入母屋造の拝殿・幣殿、流造の本殿は相当古い。説明板に「祭神は帯中津彦命《たらしなかつひこのみこと》（仲哀天皇）、品陀別命《ほんだわけのみこと》（応神天皇）、息長帯姫命（神功皇后）の三神。創立年月不詳。神功皇后が凱戦を祝して現在の三神を祀り、征伐国の一たる新羅の名をとり新羅神社と名付けた」（『兵庫県神社誌』も同じ）とある。後世のものであろう。『飾磨郡誌』に「新羅神社は神功皇后西征帰陣の時、新羅の虜囚をここに止め食するに葦原を与え、其地を明田として播植すべしと詔たまふ。よりて虜囚ここに止まり其地を開きて食田となしその中央に社を建て皇后を祀る。今に其地を明田と云い社を新羅神社と呼ぶ」とある。新羅の虜囚を留めて居住させた話は、静岡県の新羅神社の由緒と同じで、両神社とも同じ頃の創建で、新羅の人々が祖神を祭ったものであろう。

『播磨鑑』『古跡便覧』『播州名所巡覧図絵』の説明に「新羅大明神とは明田神社是也」、「糸引村鎮座の麻生八幡社縁起にも同様の記事見えたり」とある。当地には古くから産土神があったらしい。この地には新羅の人々が居住しており、彼らが祭った祖神の祠であろう。境内社は岩神社（素戔嗚命）、大歳神社（大年神）。岩神社は『神社明細帳』によれば「飾磨郡四郷村明田岩神山鎮座の新羅神社を合祀済」とあるので、ほかにも新羅神社があったようである。さらに岩神（石上）は新羅国の神（『諸山縁起』）である。新羅神社の管理をしている麻生八幡社の宮川宮司の話も新羅神社の説明書と同じものであった。

白国神社

姫路市のあたりは古代新羅村があり新羅の人々が住んでいた（新羅訓《しらくに》村、白国村）。姫路駅の北方の西播磨丘陵の麓である。当地の神社は新羅の人々が祖神を祭ったものである。この地方は『播磨国風土記』の枚野（平野）の里に「新羅訓と号《とな》えるゆえんのものは昔新羅の国人来朝《まいき》の時この村に宿りき。故に新羅訓と号す。山の名も同じ」と記されている。直木孝次郎『古代王権と播磨』は飾磨郡の白国神社というのは「シラギ神社」ということであり、「白国村」というのは文字通り新羅の人たちが集まってできた村と説明している。「白国南口」のバス停近くに白国（新羅国）廃寺跡があり、白国廃寺跡の隣りに白国神社がある（古くは同じ境内と思われる）。神社の参道のあたりを「奥白国」という。「県社白国神社」と書かれた石柱がある。当神社の祭神は神吾田津日売命《かむあたつひめのみこと》、稲背入彦命、阿曽武命の三神。主神の神吾田津日売命は木花之開耶姫《このはなのさくやひめ》（瓊瓊杵《ににぎ》命の妃）である。

『白国氏小所蔵文書写』の「針間国新羅国国主大明神社御縁起」によれば、阿曽武命は「新羅国阿曽武命」と記載されているという。当神社の由緒は「景行天皇の皇子、稲背入彦命の孫に当る阿曽武命の妃高富媛が難産のため大変苦しまれたので命が倉谷山の峯に白幣を立て、神吾田津日売命（木花之咲耶姫命）を祀り一心に安産を祈願され…安産の神徳に感謝した阿曽武命が早速、倉谷山の麓に社殿を設け、神吾田津日売を祀ったのが白国神社の創祀である」と言われている（『白国神社略記』）。景行天皇の子孫が新羅人であるということは、天皇も新羅人ということになる。その後、稲背入彦命を合祀した。白国神社は又の名を、新羅国国主大明神（白国々主明神）また「日の宮」と称したという。新羅と日神信仰である。さらに「祭神は国方媛命（開化天皇の姫）とも賀茂大明神ともいわれるが新羅国の人々が渡来しここに留まり、新羅村を創り、新羅人の祖神を祭った社である」（『特選神名牒』）とか、一説には五十猛命が白国神社の祭神という（『神名帳考證』）。阿良津命は播磨初代の国造に任ぜられ、佐伯直の姓を賜ったという。その後孝謙天皇の勅命で新羅国を白国と改めた（『播磨鑑』『兵庫県神社誌』『白国神社略記』『ふるさと白国』ほか）。なお白国神社については『大日本史神祇志』に「相伝祀素戔嗚命」とある（『兵庫県神社誌』）。

素戔嗚命を祭る広峯神社

白国神社の背後の広峯山（新羅訓山であろうか）にある。参道に「広峯神社」と刻まれた石柱。城郭のような美しい土塀と石垣を持つ社殿。広峯山は中央が広峯神社、西峰は白幣山、東峰は天祖父神を祭る。『広峯神社由緒記』によると、

正殿　素戔嗚命（牛頭天皇・武塔天神・天道神とも尊称され、薬師如来の教令転身也）　五十猛尊（大屋彦神・射楯神とも称す）

左殿　奇稲田媛命　足摩乳命と手摩乳命（奇稲田媛命の両親）

右殿　宗像三女神（安芸厳島に祀られている）　正哉吾勝々速日天忍穂耳命・天穂日命・天津彦根命・活津彦根命・熊野櫲樟日命

境内の摂社・末社は十一棟。

蘇民将来を祀る社もある。「素戔嗚命は蘇民将来の門戸に茅輪を造らせ疫病神を禁圧し給いたり。…全国各地の神社で行なわれている輪枝の神事は此の社の古事にならうものである」と説明がある。広峯神社の草創の記録については、永仁元年（一二九三）の大火によりすべてを消失し、わずかに鎌倉時代の将軍・源実朝の古文書等が残っているのみである。『神社由緒記』によれば「崇神天皇の時代に広峯山に神籬を建てて、素戔嗚命・五十猛命を奉斎し」（平野庸修撰『播磨鑑』の説明を引用）とあり「西暦元年前後」としている。さらに『兵庫県神社誌』には「祭神は武大神とも称し、古来新羅国明神・白国大明神・牛頭天王・牛頭王・兵主神・武塔天神とも称す。初め神功皇后三韓征伐の際、白幣山に素戔嗚命を祀りて皇軍の勝利を祈り…」と記載されている。

神功皇后に係わる伝承が創祀に関係していることは、先にみた四郷町の新羅神社や麻生八幡社と同じである。その後聖武天皇の天平五年（七三三）唐より帰途の吉備真備は播磨灘船行の際、広峯山中で「われはこれ素戔嗚命なり、諸民の守護のため出雲より移りすんだ…」との神託を受けて天皇に奏上、天皇は新《し》羅国《らくに》明神と尊称し牛頭天王と勅名されたという。その後清和天皇の貞観十一年（八六九）京都に悪疫が流行したので、広峯神社の分霊を山城国葛原（現在の京都八坂の祇園）に遷したところ悪疫は退散したと言われる。明治に入り牛頭天王の名を廃し広峯神社とした。当神社が拝観させている古文書に建保四年（一二一六）の鎌倉将軍源実朝が政所執事に宛てた御教書がある。その中には「播磨国広峯神社祇園本社」と記されている。しかしその後広峯神社は応長元年（一三一一）に祇園社の末社にされてしまった（『天台座主善法院慈厳御教書』）。牛頭天王は、インドにあっては祇園精舎の守護神とされ、中国を経て日本に伝来する間に陰陽道の影響を受け、我が国では御霊信仰《ごりょうしんこう》と習合して厄神と見なされ、これを祀れば疫病やその他の災厄より免れるとして広く人々に信仰された。当神社の十一月十五日の御柱祭は長野県の諏訪神社と同じである。諏訪神社の祭神は大国主命の子建御名方命である（『兵庫県神社誌』『広峯神社沿革考』『姫路市史』ほか）。

白国宿禰を祭る佐伯神社

姫路市白国二丁目にある。祭神は阿良津命。「阿良津命はこの地の遠い御先祖であらせられ、佐伯直の名を応神天皇より御受けになられました。佐伯大明神と称した。孝謙天皇の命により、佐伯姓を白国姓に改め白国宿禰と申し上げる事になりました。阿良津命は白国の地を開かれた国造稲背入彦命の曽孫にあたらる」と説明がある。

⑵　尼崎市の白井（新羅）神社

白井神社の白井は新羅の転訛である。したがって、かつては新羅神社であった（谷川健一編『日本の神々』、『尼崎地域史事典』、尼崎市史編集室『地域史研究』ほか）。古代の尼崎は大半が海で難波津の一部であった。現在の尼崎は丹波の山地より流れでる猪名川（中島川）と武庫川の沖積地帯にある。

当地方にも神功皇后に係わる伝承が多い。『摂津国風土記』逸文や『住吉大社神代記』に「神功皇后が熊襲を討つ為に諸神を集めて祈る時に神前《かんざき》を住吉の神に寄進して、神々の集まることを祈った」とある。

今の神崎の地は猪名川の支流の藻川の西岸にあたる。この地方の説話や伝承をみると、難波の津を含む摂津から播磨、なかでも神崎の地は、朝鮮半島や中国との外交の門戸となり、西海航路の起点として活躍した（『尼崎市史』ほか）。白井神社のある園田町は海に注ぐ河口の町であった。尼崎は古代には長渚碕《ながすさき》、平安時代には長洲浜、鎌倉時代には海人崎・海崎といわれた。海人族が住んでいたことを示すものである。デルタや砂洲の発展とともに大阪湾の一部を形成していった。尼崎市には、素戔嗚神社が非常に多い。尼崎周辺の遺跡では芦屋市会下山遺跡や、神戸市東灘区の保久良山遺跡は祭祀場遺跡を備えている。祭祀場では航海の安全と祖神を祈ったであろう。大阪湾沿岸地帯で弥生時代後期の大量の銅鐸が発掘されている。白井神社のある東園田町の周辺には弥生時代の遺跡が多い。

穴太の白井神社

尼崎市の白井神社の総本社と思われるのが東園田町四丁目の穴太（旧園田村穴太字神楽田）の白井神社である。旧称白井天王宮。市内の四社の中で社務所を持つのは当社だけ。栃尾直市宮司（故人）夫人が説明をしてくれた。「当社創立の年代は詳らかでありませんが、享保年間発行（二五〇年前）の『摂津誌』に、式外、白井天王祠穴太村に在り、隣村又各々祠を建てて之を祀るとあるという。当神社の往古よりの鎮座地、穴太（昭和三十六年迄尼崎市穴太一〇七番地）の地名は、現在滋賀県坂本穴太町、京都府亀岡市曽我部町穴太、大阪府八尾市穴太など畿内でも四ヶ所に現存しています。これ等の地名については雄略天王の御代（千五百年前）に「穴穂部を置く」（『紀』）とあり、この「穴穂部」が後「穴太部」とも記されており（『記』ほか）同一のものに違いありません。当社の創立年代は、此の時代まで遡って考えられないこともありません」という。

『地域史研究』（尼崎市史編修室）第二巻で、落合重信氏は「穴太村は渡来人系氏族の拓いた村で、その氏神白井神社は、シラギがシライになること、つまりキがイになることは音韻現象として可能であって、たとえば、サキハイがサイハイ（幸い）と変化していることからすれば、新羅神社→白木神社→白井神社ということではあるまいか」と説明している。祭神は天之手力男命《あめのたぢからおのみこと》。天之手力男命は、天照大神の岩戸開けの勇武の神である。享保年間発行の『摂津誌』には「白井天王祠穴太村に在り隣村亦各々祠を建てて之を祀る」とある。この神は後世のもので元々は素戔嗚命か海人族の神であったのではあるまいか。

法界寺の白井神社

東園田町五丁目（旧園田村法界寺字中之町）にある。穴太にある白井神社の宮司が管理をしている。小さい境内地に東向きの社殿がある。入母屋造の拝殿と本殿。祭神は天之手力男命、底筒男命、誉田別命、保食神の四神。境内社に住吉社、八幡社、稲荷社がある。

法善寺町の白井神社

穴太の白井神社から南へ下る。藻川に架かる園田橋を渡る。藻川の堤防に沿って少し降りた住宅の間に挟まれて社殿がある。本殿は流造。祭神は天之手力男命。創祀について『尼崎神社案内』は「正徳年間

（十八世紀）の付込帖写しに白井天王祠と見えている」。神社の説明文や享保年間発行の『摂津誌』にも「白井天王祠」とある。

額田町の白井神社

藻川の南の猪名川と合流する場所に弥生ヶ丘墓地がある。新羅の安東塔の石積み遺構と同じような形の墳墓である。墓地の西側、新興住宅地の中に神社がある。『尼崎神社案内』に「創祀の由来は不詳である。大正四年には神崎須佐男神社に合祀されたが、氏子の強い要望により昭和二十三年に元の奉斎地に社殿を再建の上、遷座され現在に至っている」とある。神社にある説明は善法寺町の白井神社と同じである。新しい石造の鳥居と社殿がある。

4　岡山県牛窓の新羅神社

備前の邑久《おく》郡は現在の瀬戸内市である。備前邑久郡で興味深いのは『続日本紀』聖武天皇天平十五年（七四三）五月の条にある「備前国が次のように言上した。邑久郡《おおくのこおり》の新羅の邑久浦《おおくうら》の浜に大魚五十二匹（ゴンドウ鯨か）が打ち上げられた…」の記述である。『続日本紀』記載の新羅は現在の錦海湾に面した牛窓半島（牛窓町）の北にある師楽《しらく》ともいわれる。牛窓町は朝鮮通信使の立ち寄った港でもある（通信使遺跡）。陸地と繋がる。

新羅の姫を祭った朝鮮場大明神

当社は牛窓町牛窓にある。神社の由緒書に「頃は文禄三甲午中秋初三日、小船海上に漂流す。唐土の船とおぼしく、…女の躰にて我を助けよと云う事やらん…ひそかに之を助け…予宅に養育す…船中の労れに終に九月十六日、命終わり東山に葬る。其所を朝鮮場と名付ける。其後夢中に彼の霊魂…高恩忘れがたく、我を神と祝ひ呉るれば、永く子孫の長久を守るべし、と云い夢覚め、之に依って朝鮮場大明神と号す…文禄四乙未年九月東原弥右衛門尉　景久花押」(『牛窓風土記物語』と同じ)とあり、また『牛窓郷土研究会・牛窓夜話』の民話「瑠璃姫と唐琴の瀬戸」に「牛転《うしまろび》の瀬戸で、彼の三韓の王子唐琴が討死した。この王子の恋人である瑠璃姫が三韓国から王子を追い慕って牛転を訪れたが王子は討死と…そこで、地頭某がひそかに姫を匿っていた…夜更けて姫は磯辺に出ては恋しい王子を慕い…寂しく死んで逝ったので、地頭某は其の亡骸を葬って祠を建てて瑠璃姫と唱え姫の霊を慰めた…朝鮮様と呼ぶようになった…明治の初年までは地頭某の子孫たる東原氏(中崎屋)が相継いで祭典を行い、宮守は本町の浅場氏が仕えていた」とある。その後、朝鮮場大明神は浅場家屋敷内に祀られていたが現在は山の中腹にあり神社は東原家が所有しているというので訪ねた。奥様は「遠い昔の話は、伝承の通りです。この社は以前には管理人を置き、浅場さんにお願いをしていましたが浅場さんがいなくなり今は荒れています」。神社は唐琴通りの端、牛窓瀬戸(唐琴の瀬戸)の神功皇后の友綱石から登る山の中。五香宮(住吉三神と神功皇后)に近い。細い路地の石段の端に「朝鮮場様」の案内板がある。山の中腹にある社殿は石積みの基壇の上。神社は小さいが流造。社は牛窓湾を向いていている。社殿に「朝鮮場霊神」の額。

朝鮮場様の標識

朝鮮場様（牛窓町）

5　広島県の新羅神社

広島県は北部の中国山地を越えると島根県であり古代から往来が盛んであった。安芸国の沼田郡には真《しん》良《ら》（新羅）郷があり、大多良（羅）神社がある。安佐郡（旧安芸郡の一部）は紀元前後（弥生時代中期）頃の遺跡が発見されており、銅鐸・銅剣・銅戈《どうか》が一括して埋納されていた木ノ宗山遺跡、また高地性集落の西山遺跡、西願寺遺跡や恵下遺跡（安佐北区）などは、出雲地方の墓の影響が見られる。

広島市の白木

広島市の安佐北区に白木町がある。ＪＲの白木町の駅名は白木山駅という。西側は漢弁《からべ》郷（漢は韓、新羅）の可部町である。白木町は古くは三田郷と呼ばれ上白木、下白本にわかれていた。町の中に白木郷、白木街道、白木大橋などの名称が多くある。

福山市の新羅神社

新羅の王子を祭ったという高諸神社が福山市今津町にある。当神社には新羅の王子に係わる伝承がある。「新羅の王子が戦乱を避けて日本に向かう途中、台風で遭難。今津の海岸に漂着した。今津の庄司田盛がこの王子を助け家に引き取り看病したが、間もなく亡くなった。ある夜、王子が夢枕に現れ、我が携えていた一振の劔があり、これを祀れば必ず福が授かる、と告げたので庄司田盛は早速この地にお宮を建

高諸神社（福山市）

て剱大明神として祀った。時に白鳳五年（六七六）」。別の由緒もあり、「高諸神社（須佐之男之命）は芦田川に近い田辺寺の境内社で田辺家が神主であったが、維持できなくなり剱神社に合祀した。田辺寺は廃寺となった」という。祭神は須佐之男命《すさのおのみこと》・剱比古神《つるぎひこのかみ》。神社の別名を「おつるぎさん」ともいう。御神体は鏡一体。当社は古くは剱大明神といわれ剱大明神を祭っていた。現在の神社の場所はかつて海中の出島であり、神社の裏は海であったが、現在の社殿は海を向いていない。近くで工事中に古墳が見つかり新羅系の人物のものかといわれている。本殿の左に田盛（守）神社がある。王子を護る田盛氏が祭神。下の境内に王子社。大己貴命を祭る加佐守社もある（説明は柳田守宮司）。福山駅から広島方面へ二駅。境内は山裾の森の中。社殿は高台に本殿と田守神社。石段の下に境内社。拝殿は大きな唐門付入母屋造。正面に「高諸神社」の扁額。内部には「建功之大神」の額。幣殿の背後にある本殿は三間社流造。檜皮葺。

呉市の比売許曽の神社

亀山神社という。祭神は仲哀天皇、神功皇后、応神天皇の三神と高皇産霊神ほか八神を祭る古社で創立年代不詳。本社所蔵の古文書によれば、「当時豊後姫島の神が天武天皇白鳳八年（六七九）栃原村（甲手山）に天降り給い後、宮原村字亀山（もと入船山）にご遷座されたという。神社の社号は、大屋津比売神社、鈴音宮、日売島神社などと称されたが後には、大帯比売《おおたらしひめ》神社、八幡宮（九世紀以降か）さらに、皇城宮（寛政十一年・一七九九年造、現存の灯籠にこの社号が残る）。明治以降、亀山神社と改称され、その後現在地に移転」（『亀山神社由緒略記』『亀山神社略記』など）。豊後国の姫島の神は比売許曽神である。

6　山口県周防大島の新羅神社

山口県の岩国から周防大島に行く。柳井港の西側に、上関《かみのせき》町長島がある。長島町には白井田という地名がある。「新羅来た」あるいは「新羅田」から転訛したのではないかと考えられる。この島については、天平八年（七三六）の遣新羅使の阿倍仲麻呂が大畠の瀬戸を通った時の歌が『万葉集』巻十五に残されている。島の東部の地域を占める東和町が旧白木《しらき》（新羅）村である（現周防大島町）。白木という名称は古くからあり、現在でも外入《とのにゅう》には白木出張所、白木郵便局などがある。白木村は島の東部の森野村などと合併し東和町となった。白木村《しらきむら》は旧西方村、外入《とのにゅう》村、地家室《じかむろ》、沖家室《おきかむろ》の地域。外入の地が古く開けた。

外入には弥生時代終期の稲作の跡や古墳時代の遺跡が存在する。東和町の港に入る人々は大陸や半島からの人々もいた（『東和町誌』）。旧白木《しらき》村の中央に白木山《しらきやま》（所在地は西方《にしがた》）があり『角川日本地名大辞典』に「白木山《しらきやま》は古くは烏山といわれ、白城山（「風土注進案」）、または新羅山と書いて大陸へのかつての防御拠点とする説もある。白木山山頂には白木神社の奥の院龍王権現（龍宮様）の祠がある。登山道を約三km登った中腹に本殿があり、かつては通夜堂もあった。そこから旧道を登ると若宮（新御殿）…あり、明治二年まで女人禁制の地であった。烏山大権現といい、平郡《へいぐん》島や大島郡東半分の地域で信仰が厚い」とある。

西方《にしがた》の白木神社と奥の院

白木橋の下の道から、細い山道を登る。山の中腹に神社がある。石造の明神鳥居。石の扁額に「白木神社」とある。台地上に拝殿と本殿。拝殿は流屋根。拝殿の中は暗くてよくみえない。拝殿の背後に二間の大鳥造の建物がある。覆屋のようにも見える。背後は山を切り崩した土手である。本殿横の石碑に「白木神社再建・起工・昭和五十六年十一月、遷宮・昭和五十七年五月、施行者・白木産業株式会社…」とある。山頂は広い公園。『東和町誌』に「白木権現は土本家の先祖がまつったものである。小泊からの帰途、白木山の見える峠の上に山伏が立っており、白木の頂上に神様が立っているのが見えたということで、九州の英彦山から神を勧請して今の権現様のところに祠を建てたのが始まり」と記されている。『角川日本地名大辞典』には白木神社の奥の院は龍王権現で龍宮様であるとある。龍神信仰とすれば、白木神社は水

白木神社（周防大島町）

神を祀っている。しかも海人族ということになる。しかし、頂上で奥の院を見つけることはできなかった。この白木神社は『東和町誌』に「白木殿一社同村（平野村）。白木山に銅造柄鏡一面、銅造円鏡三枚が祭られていた」と記載している。私が訪れた日はちょうど梅雨のはしりで登山道を歩くことはできなかったが、『角川日本地名大辞典』や『東和町誌』を見ると白木山の登山道があり旧の登山道を登ると白木社の小さな石の鳥居と祠、さらに登ると奥の院があるという。

沖家室出身の私の知人が沖家室にも字白木があることを教えてくれた。

7　香川県の新羅神社

讃岐地方は瀬戸内海に面しており、古くから半島との往来があった。北九州とも関係が深く、宗像神を祭る神社も多い。北九州で活躍した海人族が当地でも活躍したことの証であろう。四国の開拓者として有名なのは忌部《いんべ》氏であるが、渡来系の新羅、加羅系氏族といわれる綾氏《あやうじ》や秦氏や海人族がいた。また佐伯氏もいる。佐伯氏は『姓氏録』には景行天皇の皇子稲背入彦命（播磨国白国村の開祖）の後裔とされている。善通寺市は丸亀平野の西の金倉川に沿った町である。縄文・弥生の時代から文化が開け、銅剣や銅鐸などの出土があり、特に「宮が尾の絵画古墳」「北向八幡古墳」「菊塚古墳」などの前方後円墳は四世紀から六世紀頃の豪族たちのものといわれている。

善通寺市金蔵寺《こんぞうじ》町の新羅神社

この神社は近江の園城寺（三井寺）の別格本山、金倉寺の守護神である。金倉寺は元々、円珍の祖父・和気道麿創建の通善寺が始まりとされる。その後、貞観三年（八六一）唐から帰朝の円珍が父・和気宅成（道善）の館跡に道善寺として建立したが、延長六年（九二八）醍醐天皇が当寺が金倉郷にあるところから、名称を金倉寺に改めたという。なお和気氏は景行天皇の後裔とする説（『紀』『姓氏録』）があるが、円珍の父は因支首（忌寸首）である。忌寸や首などの名称からすると秦氏の一族である可能性が強い。神社は金倉寺境内の南にあり当地の産土神であった（『香川県神社誌』『古今名勝図絵』『仲多度郡史』『善通寺市史』ほか）。

新羅神社の本殿は神明造。祭神は素戔嗚命。合祀神は大鷦鷯命《おおさざきのみこと》（仁徳天皇）。境外社に大師の祖を祭った遠津神社（祭神・素戔嗚命）。

善通寺市木徳町の新羅神社

木徳町は金蔵寺町の隣である。境内には新羅神楚の石碑がある。祭神は素戔嗚命。合祀の神は事代主命、武御名方命、瓊瓊杵命、大国主命、猿田彦命など。拝殿に、新羅神社の扁額と神社の由緒書がある。「当社は大字木徳の産土神である。社伝によれば、智証大師の祖、和気善茂が白鳳二年（六七二）に創祀したものでありその後、仁和三年（八八七）智証大師が金林寺の鎮守となす」とある。金林寺とは和気氏が創立した薬師堂という。当神社には有名な「船神楽」が伝わっている。素戔嗚命の朝鮮渡り船神楽といわれ市内各所の祭礼で演じられている。「この度素戔嗚命様には韓の三島へお渡りになるそうで…」という大国主の言葉で始まる舞である。

善通寺市国分寺町の新羅神社

当社は鷲峰寺《じゅうぶじ》（天台宗）の守護神である。この円通山鷲峰寺は唐僧鑑真和尚により創祀された寺であり、その後平安時代に智証大師が伽藍を興隆したと伝えられている。寺の案内板には、天平勝宝年中（七五四）鑑真和上が、この地がインドの霊鷲山《りょうじゅうさん》（鷲の山）に似ているところから釈迦如来を刻み、堂宇を建立し鷲峰寺と名づけたという。本堂の右手に石の台座があり小さな祠が祭られている。祠は本堂と同じ東向きで祠の横に石碑があり、石碑の上部に「新羅明神」「山王権現」「護法善神」の文字が彫られている。鷲峰寺鎮守社碑である。新羅明神の由緒については明確な史料が残っていない。しかし、祭られている神は、智証大師が近江の三井寺から勧請した可能性が強い。

8　徳島県の新羅神社

鳴門市土佐泊の新羅神社

土佐泊港に鎮座。かつての土佐泊城の麓である。神社は高台にあり港に向かって健っている。下にある鳥居に新羅神社の扁額。唐門付切妻造の拝殿と流造の本殿。祭神は地蔵のような神像である。宮司は中條雅晴、テルミ氏。中條宮司の説明によれば「この神社は毛利家阿波水軍の大将である土佐泊城主森志摩守村春が氏神として祭ったことによるが勧請の由来は不明である。祭神は素戔嗚命と五十猛命、末社に事代主神社、飛び地境内社として王子社、市杵島神社等を持つ」とのこと。『阿波史』『徳島県神社誌』『郡代所寛保御改神社帳』などにも同様な説明がある。『鳴門市史』『鳴門戸辺集』には「当社は新羅大明神といわれ別当に蓮華寺があった…また瓶浦《かめうら》大明神とともにあった」と書かれている。いずれにしても森志摩守の氏神としている。森志摩守がどのような系譜にあるのかよく分からないが、同じ徳島県の海正八幡社（甲斐国より勧請）が森志摩守と関係があるので、甲斐源氏と何らかのつながりがあったものと思われる。しかし、祭神が渡来の新羅明神の素戔嗚命と五十猛命であるということは、古代から「瓶浦《かめうら》明神」とともに新羅系の人々がこの地に産土神として祭っていたものであろう。

9　山城国の新羅神社

(1)　京都市の新羅神社

京都市は山城国の一部である。山城は京都府南部のもと国名。奈良県北部の奈良山（那羅山）の北の泉川（木津川）の流域を奈良山のウシロという意味で山背（ヤマウシロ→ヤマシロ）といったのが、国名となり、山城と書くようになった（山中穣太『地名語源辞典』）という。現在の京都市は山城国の中心部で、この地は延暦十三年（七九四）桓武天皇が都を奈良の平城京から移して以来、慶応三年（一八六七）まで都として御所が存在した。桓武天皇は天智天皇の曽孫にあたる天皇で、天皇の母親（高野新笠《たかののにいかさ》）は百済の武寧王の子孫といわれ「百済王らは朕の外戚である」と詔《みことのり》している（『続日本紀』）。渡来系の人々が多くいたことを示している。京都は約一二〇〇年の間に政変のために何回か戦乱の舞台になったので神社や寺も大きな影響（被害）をうけた。

新羅明神を祀る岩神社《いわかみのやしろ》（岩上宮《いわがみ》・中山神社）

神社は岩神社《いわかみのやしろ》（中山神社）という。京都市中京区岩上通六角下る岩上町にある。御所の南。この神社が新羅神を祭っていることを知ったのは、曲亭馬琴編『増補　俳諧歳時記栞草』（「中山祭《なかやままつり》」）である。「中山祭。「神社啓蒙」京、三条猪熊《いのくま》の辺にあり。祭る神、豊石牖《とよいわまど》、奇石牖命《くしいわまど》。「兼邦百首抄」二条大宮岩

岩上宮（京都市）

神へ付たまう。中山大明神と申は、是《これ》三井寺北の院にまします。新羅明神これ也。素盞鳴尊。「公事根源」永承五年（一〇五〇）…神社を建立し…是、四月の中の酉日にや、三井寺において、五月五日、新宮祭を修す。是、新羅明神の祭なり」とある。神社は四条堀川から岩上通を御池の方へ歩いたところ。石造りの明神鳥居に「岩上《いわがみ》宮」の扁額。説明板に「延暦十三年（七九四）に桓武天皇の勅命により、素戔鳴尊を主神とし、朝夕、内裏の門を守護するという櫛石窓神《くしいわまど》・豊石窓神《とよいわまど》の二神を祀る社で、石神《いそがみ》（岩上《いわがみ》）神社ともいわれる。慶長七年（一六〇二）二条城造営により、現在地に移転したが、天明八年（一七八八）の火災にかかり、現在の社は、その後再建。社名の中山神社はこの地が鎌倉時代の内大臣中山忠親の邸宅跡であったためと伝えられる。京都市」とある。説明にある「櫛石窓神」と「豊石窓神」は、御門《みかど》の神（門を守る神）。京都市歴史資料館は「岩神社はもともと二条大宮に位置しましたが、この地は現二条城内であり…現在地に移転と伝え…。現在は宗教法人としては中山神社と称しています」という。柳町敬直『京都の大路小路』の「岩上《いわがみ》通《とおり》」の項に『京雀』の説明を引いて「江戸前期には岩神社、江戸中期に岩上社になったようだ」とあり、平安時代以来の伝統を持ち、子育ての神社として京女に深く信仰された母乳の神様として知られていたことを記載している。神社のご神体が巨岩であったことから岩神社といわれたらしい。本殿は流造。近江の三井寺と当神社の関係は不明。

新羅明神を祀る聖護院門跡

聖護院門跡の境内にも新羅神社（新羅社）がある。聖護院は御所の東、鴨川に近い。京都市左京区聖護院中町。聖護院門跡を訪ねて本山修験宗・宗務総長の宮城泰年氏（現門跡）に境内を案内、説明していただいた。「新羅社は三井寺の長吏増誉の開基。寛治四年（一〇九〇）」とのこと。拝観した新羅社は境内の東側の庭園東南隅にある。大きな石を組み合わせた土台の上に流造の社殿。社殿の扉の中には木像の御神体があった。聖護院には「新羅社」に伝わる「新羅明神」の画像が二枚ある。現在の社は明治初期に再建されたものであるとのこと。また、宮城総長が新羅神社の祠を調べたところ、二尺あまりの小刀（江戸時代か）が保存されていたとのことで、拝見させてもらった。弘化の年号が見られる。「新羅太神…伏…」の文字が判読される。当社は三井寺と同じ新羅明神、即ち素盞嗚尊が祭神。『新修京都叢書』（第七巻）「新羅杜《しんらのもり》」の項に「聖護院の築垣の東頬《ひがしつら》にあり。中に新羅明神の小祠あり」の記載がある。新羅神社は現

聖護院門跡庭園内にある新羅神社（京都市）

在の積善院《しゃくぜんいん》（聖護院の東隣）のあたりに聖護院の鎮守神として鎮座していたらしい。聖護院は宸殿、本堂、書院、小書院、北御殿や仮皇居の上段の間、御茶室、御書院など皇室ゆかりの建物も現存している。智証大師《ちしょうだいし》（円珍《えんちん》）の草創になる天台寺門宗の門跡寺院。

平安京の地にあった園韓神社《そのからかみしゃ》

宮中で祀られた神として『貞観式』（八七一年）や『延喜式』（九二七年）に記載の神がある。園神《そのかみ》一座、韓神《からかみ》二座である。京都市史編纂所『京都の歴史一』に京都の古代地図があり、その地図には堀川に沿った二条城のあたりに園韓神社が見えるが、現在は古代地図の地に存在していない。『新修京都叢書』第二巻に「洛陽醒井通高辻通上る町、延喜式に言、園神一座・韓神一座と云云…宮内省にありしを大内裏炎上の後、此処に移された…今、荒神といえり」とみえる。現在の荒神町に神社は存在しない。京都歴史資料館に聞くと「醒井通高辻北（現在の下京区荒神町）の園韓神社《そのからかみしゃ》は『京雀《きょうすずめ》』（『新修京都叢書』の第一巻）、『京羽二重《きょうはぶたえ》』（『同』第二巻）に、確かに荒神町に園韓神社を勧請したと書かれていますが現在は不明です。なお園韓神社の本来あった地は、現在の二条児童公園のあたりとされます。平安京ができる前から当地にあったとされ、平安京ができてからは宮内省の敷地内で祀られており社殿は室町時代までは残っていたようですが、応仁の乱（一四六七〜七七）以降史料に見えなくなります…廃絶してしまったものと思われます。「園韓神社」に関する史跡や石碑などはなく、正確な位置は不明」という。現在の二条公園の神社の旧地と思われる地には、小さい神社が二社あるのみ。園神（祭神・大物主神）は「新羅のソ」の意味で新羅の神、韓神（祭神・大己貴命と少名彦命）も朝鮮半島から渡来した神の意味で、辛国と同意で新羅を意味するとされている。秦氏の邸宅跡地に平安京が建立されたことを考慮すると、この園韓神社は元々この地に土着した秦氏などが祀った地主神であろうか。園韓神祭で韓神は最後に歌われる。内侍所御神楽の神楽歌は「三島木綿《みしまゆう》　肩にとりかけわれ韓神の　韓招《からお》ぎせむや　韓招ぎせむや」という（『京都・山城寺院神社大辞典』『京都市の地名』『国史大辞典』）。韓の神を招く、即ち、新羅の神を招くという神楽歌である。

実相院《じっそういん》と新羅《しんら》神社

実相院は左京区岩倉上蔵町一二一にある。岩倉の名称は、古代の磐座《いわくら》信仰によるもの。当地の新羅明《しんらみょう》神社《じんのやしろ》は堂の乾方《いぬいのかた》（北西）東向き。三井御法神を智辨《ちべん》僧正が勧請した（『新修京都叢書』）と記されてい

石座神社（京都市）

るが、その地には現在何もない。実相院は当初から門跡《もんぜき》寺院（皇族・貴族が門主）で実相院門跡、岩倉《いわくら》門跡と称した。現在は岩谷氏。

新羅明神を祀る石座《いわくら》神社

石座神社は実相院と大雲寺の中間にある。元々は岩倉村の産土神で明治以前は大雲寺の鎮守神として八所明神社・十二所明神社と称したという。この両社に新羅明神が祭られている。境内の石碑に「石座神社由緒」がある。「祭神・東社・八所明神　石座、新羅、八幡、山王、春日、住吉、松尾、賀茂、各明神。西社・十二所明神　八所明神に加えて、伊勢、平野、貴船、稲荷、各明神。由緒・当社はもと山住神社に祀られていた北岩倉の産土神石座明神を天禄二年（九七一）円融院帝御願所の大雲寺建立の節、勧請されたのが始まり…。鎮守社は…岩倉の産土神として尊敬されてきた」とある。明神は長徳三年

（九九七）の勧請とあるが、岩に神が降りたともいわれているので、岩の神がこれ以前にあったようだ。京都市の説明板もある。「石座神社の創建は不詳であるが、『日本三代実録』によると元慶四年（八八〇）に従五位下…。その後、大雲寺の鎮守として…明治以降は八所・十二所明神が石座神社と改称され、もとの石座神社は山住神社とよばれた」。拝殿の後方に流造の社殿が四社ある。中央の二社は古式な一間社流造で右が八所明神社、左が十二所明神社。なお、山住神社の例祭は「北山石蔵明神祭」と呼ばれ、受胎のまじない行事で、尻叩き祭といわれたが明治以降は廃止され、祭りは現石座神社を中心に行なわれる（下中弘『京都の地名』ほか）。山住神社は岩倉西河原町にある。また、実相院の裏には智辨僧正《ちべんそうじょう》がてがけたという閼伽井《あかい》がある。一名、智辨《ちべん》水ともいわれ、この水は園城寺の三井に通じているといわれている。

赤山の麓にある赤山禅院と新羅神社

修学院離宮の森の中にある比叡山延暦寺の別院。修学院離宮の北側のこのあたりは比叡山の西側に当たるので西坂本という。山門（延暦寺）の守護神の一つ。祭神は赤山明神という新羅との縁の深い神社である。境内に新羅明神が祭られている。拝殿の前にある京都市の神社境内図には御朱印所の右の明神鳥居をくぐった上に、社殿があり、左側に八幡大菩薩、天照皇大神宮、春日大明神の三神、右側に十禅師権現、住吉大社、新羅大明神、加茂大明神、平野大明神、西宮大明神、松尾大明神の七神の社があることになっているが、私の訪問した時には見つからなかった。金神社があった。

この赤山明神は慈覚大師円仁が唐から帰国後、新羅人が祀っていた赤山明神を勧請すべく念願し、弟子の安慧が仁和四年（八八八）に創建したという。

⑵　宇治市の新羅神社

宇治は『山城国風土記』に「宇治といふは、応神天皇の御子宇治若郎子《うじのわきいらつこ》、菟道宮を造りて、宮室《おおみや》と為したまひき。御名に因りて宇治と号く。本の名は許乃国《このくに》と曰ひき」とある。許乃国は、紀の国の訛ともいわれている。平安遷都後、山城となった。宇治のある山城盆地は、太古に瀬戸内海断層による陥没でできた入江で大阪湾と続いていた。巨椋《おぐら》池はその名残である。宇治は応神天皇とも関係が深い。古代の当地には、宇治宿禰の一族が古くから住んでいたという。宇治宿禰は『新撰姓氏録』によれば、饒速日命六世孫であり新羅系氏族ということになる。また秦忌寸も『新撰姓氏録』によれば饒速日命の後裔とされている。

素戔嗚命を祭る三室戸寺の新羅神社

当寺には朝鮮から請来されたと伝えられる吊鐘の龍頭が残っており、半島との縁を示している。「三室村は、古来、神在ますところとして信仰された御室の里であり、三室戸寺も御室または御室堂と呼ばれた」（『宇治市史』）。神社の説明文に「三室戸は神が宿るかむろぎとされ、山や森を、御室と呼び、十八神社や三室戸寺がある明星山を信仰の対象としてきた」とある。『宇治市史』に「三室戸の戸の文字は堂の転訛したもの、または場所・入口を指し、神座を意味する。…明星山の山頂付近には磐境らしい露岩の点在が見られ、この山を神の降臨する処とした古代住民の信仰の跡が伺われる。現在もなお、この山頂は聖域であり、山頂は斧を入れることのない老杉や檜の巨大な樹叢に覆われている」とある。参道の左手に、大きな石の明神鳥居があり、新羅大明神と書かれた扁額がある。楕円形の石碑があり、「新羅大明神祠貞観年間天台座主智証大師当山留錫の砌疫病退散祈念の為勧請給ふ初ハ本堂の東に在りしが昭和三十年三月此処に再建す。昭和三十二年八月三室戸寺」とある。

当神社はかつて明星山山腹の三室戸寺の境内にあり寺の守護神であった。元々は十八神社の西方に並建されていたが、明治初年に現地の字奥ノ池に遷座された。『宇治郡神社明細帳』によれば、祭神は須佐雄之命と五十猛之命である。三室戸寺の境内には、古くから寺の鎮守神として新羅明神が祀られていた。三室戸寺に由緒を尋ねたところ、次のような返事を頂いた。「当山は三井寺の別院で寺門派の寺でした。修験道も兼帯致しておりましたので、聖護院の末となっていました。当山は開創以来三井寺（園城寺）より新羅社を勧請し、お祀りしてまいりました」。

大鳳寺村の厳島神社と新羅神社

三室戸寺から歩いて二十分位のところに厳島神社がある。明星山から続く低い山岳地帯の麓。道路に面して、厳島神社の石柱がある。鳥居の奥に厳島神社と新羅神社の社殿が並んでいる。手前が新羅大明神の社殿、奥が厳島大神の社殿。社殿は新羅神社が春日造、厳島神社は流造である。新羅神社に、新羅大明神の扁額。新羅神社の祭神は、須佐雄命・五十猛命。神社の由来は三室戸寺にあった新羅明神社が明治初年の神仏分離に際して三室戸寺境内から小字奥ノ池に移されたが、この明神には大鳳寺村にも多くの信奉者があったことから、明治十二年（一八七九）二月になって、小字東中（大鳳寺村の中心地）厳島神社境内に遷座され、その摂社となった（『宇治郡神社明細帳』）。当地方、特に三室津が水運や漁業の中心であったので、その守護神として祭られたものであろう。この付近は大鳳寺浜と呼ばれた河港があった。「大鳳寺村に子字藪里《やぶさと》という所がありこの西南隅に大椋の森と呼ばれる社叢があって、数本の老樹が残されている。傍らに、社神と記した石碑が立つ。ヤブとは産土神のことである。藪里とは産土神のある里ということから名付けられた地名である。従ってその場所は神座であった」（『宇治市史』）。この地に古代、大鳳寺なる寺が存在し、新羅明神はその守護神として勧請されたものであろう。

三室戸寺や旧大鳳寺村（現宇治市菟道）に新羅明神が祭られて、信仰する者が多かったこと、当地方が秦氏の統治下にあったこと、海人族が存在したことなどを考慮すると、神社の由緒が近江の三井寺に係わりがあるとしても、当地方にはそれ以前の古代から渡来の人々が住み祖神を祭っていたと思われる。

10　和歌山県の新羅神社

現在の和歌山県の中で新羅系の神社と考えられる社は拙著『新羅神と日本古代史』（二〇一四年）でいくつか採りあげた。概ね、旧紀伊国は古代神話に関連した神社が多い。源氏系の新羅神社もある。

熊野国は現在の紀伊半島の南東部にあたり、日高郡を除く東西南北が牟婁郡（田辺を除く）。牟婁郡の名称は神が隠れ籠るところ、「神奈備《かんなび》の御室《みむろ》」で牟婁は室であるという。この熊野の名称は『紀』の国生み神話の条や神武天皇の条に見える。当地に新羅神が祭られていることを知ったのは『寺門伝記補録』（三井寺の資料）の熊野三山の説明の項である。熊野三山鎮守の神の中に「五所明神。右の外、三山鎮守の社…湯河　石上の二神は並に新羅国の神なり」とある。

熊野三山とこれを護る熊野王子社

熊野三山とは、本宮・新宮・郡智の三大社を合わせた名称。主祭神は素戔嗚尊である。熊野三山は紀伊山地の霊場と参詣道が世界遺産に登録されている。熊野三山に対する熊野信仰は修験者によって全国各地に広められた。本宮大社は古くは「熊野坐神社」といわれ、「熊野大神を祀ったのは熊野国造家でこの氏族は饒速日命（天火明）の子孫で、物部氏の祖に当たる」（熊野本宮大社『参詣の栞』）。熊野古道は、中辺路《なかへち》、小辺路《こへち》などいくつかある。最も頻雑に使われたのは中辺路である。この路の京都から熊野の本宮にいたる間にある小神社を王子社という。

湯川王子社

王子社は田辺市中辺路町大字道湯川王子谷にある。熊野古道・中辺路の本宮から六番目にある湯川王子社は新羅明神を祭っている。湯川王子社は古い明神鳥居と流造の社殿をもつ。「この王子社はもと川向いの大字下毛平にあったが大水の際に参拝不能となるとのことで湯川氏のこの地に遷座された」（『中辺路町誌』）という。説明板に「ここ道湯川は、山中ながらいくらか開けた土地があり、熊野参詣道の要地であったので、この湯川王子は比較的早く平安後期に設けられ、この地が昭和三十一年に廃墟と化すまで、産土神《うぶすながみ》として祭られていた」とある。「湯川一族発祥之地」と刻まれた石柱（昭和五十八年十一月六日湯川会建立）が建っている。新羅源氏の子孫である湯川氏が当社に係わったことがわかる。王子社の初見は天仁二年（一一〇九）とも書かれている。

岩神王子社

王子社は中辺路町大字道湯川字岩上峠（岩神峠）にあったが現在は社地跡のみ。本宮から七番目の王子社。峠の僅かな平地の跡地に石碑があり「岩神王子」と刻まれている。説明板に「岩神王子跡・岩神峠（標高六五五ｍ）は中辺路のなかで最も険しい難所とされて…江戸中期の頃まで社殿があった…この峠は日高亀山城主湯川氏の先祖にあたる武田三郎が横行する盗賊を平定したと伝えられる所でもある」とある。『中辺路町誌』は「岩上（岩神）は『中右記』、『御幸記』に見える古い王子社である」としている。この王子は比較的古く建立され江戸中期までは社殿があった。山深いこのあたりは中世の戦乱期には熊野参詣者を襲う山賊の棲家でこれを退治した紀南の豪族湯川氏の祖、甲斐武田三郎の武勇伝の発祥の地もこの岩神峠といわれている。甲斐の武田源氏は熊野とのつながりが深く「甲斐国の八代荘は熊野大社の神領として寄進していた。熊野山の年貢は富士川を船で下り、武田信義が守護職であった駿河から海路熊野に運ばれた。伊勢には信義の子信隆が守護でおり、海路での警護は源氏の同族村上（後の村上水軍）の手によって十分な配慮がされていた」（『中辺路町誌』）という。

湯川王子社（中辺路町）

岩神王子社跡（中辺路町）

第三節　太平洋を東進した新羅の神

古代の半島や大陸からの渡来にはさまざまのルートがあったが、太平洋を流れる海流に乗って渡来し、各地に入植した人々がいる。

1　東京都の白鬚神社

東京の新羅神社については調査を終了していないが墨田区の神社を調べている時に、古代の渡来氏族、主として秦氏の東進ルートの興味深い話を聞くことができたので採りあげた。それによれば、古代のこのあたりは海であり外河原村、塩の河原、塩田などともいわれた。また、古代には海人族（秦氏と思われる）が朝鮮半島から若狭に渡来し琵琶湖を渡り、尾張の伊勢に進出し、太平洋沿岸に沿って静岡から武蔵国の墨田、千葉まで移動し、一方は荒川沿いに北上し川口を通り新座市から入間、高麗など、現在の埼玉県に入植した。また一方は利根川を北上し妻沼、深谷、本庄、太田市等群馬県に入植したという。太平洋岸を東上する過程で木曽川、矢作川、天竜川、大井川、富士川、相模川などの上流にも入植したのでそれらの地方には渡来系の神社や地名が多く残っている、という。確かに話の通りであり調べてみると妻沼や本庄、深谷の周辺には渡来人特に新羅系と思われる地名や白鬚神社などが多い。

私が訪ねた白鬚神社は墨田区東向島。墨田川に架かる白鬚橋の脇にある。主祭神は猿田彦大神。合祀殿は天照大神、高皇産霊神、大宮能売神、登由宇気神、建御名方神。神社の由緒書によれば「当社は天暦五年（九五一）村上天皇の御代に慈恵大師が関東に下った時、近江国志賀郡境（現高島町）に鎮座の白鬚大明神の御分霊をここに祀った」と伝えられる。近江の白鬚明神は比良明神であり、斯羅明神、新羅明神でもある。したがって当社も新羅明神ということになる。白鬚神社は墨田区内に三社ある。ほかに荒川や中川の沿岸にもあるが、墨田川沿いの社が最も古い。近くに三囲《みめぐり》神社がある。文和年間（一三五二〜五五）近江の三井寺の源慶が壊れた社を再建したという。

2　静岡県の新羅神社

当県の神社も太平洋ルートの渡来人によるものと考えられる。現在、神社があるのは旧小笠郡菊川町である。島田市の大井川上流の山岳地帯には今でも白井という集落がある。

政所正覚寺境内の新羅神社

神社は菊川町中内田下平尾（現菊川市）にある。菊川の支流、上小笠川に沿った農村地帯。太平洋の遠州灘が近い。上小笠川沿いの山麓にある高い山の上に新羅神社の祠が祭られている。菊川や大井川流域、島田市や榛原町などに古くから新羅（加羅）系の秦氏の集団が居住していた。菊川町教育委員会と正覚寺の役員の岡田氏から、神社の記載のある資料をいただいた。

「新羅神社は政所（地名）の正覚寺境内にあり、祭神は新羅社（中央）、牛頭天王と天満宮が左右に祀られている。大宝律令発布直前の七〇〇年当郡は城飼郡《きかふ》といわれた。城飼とは木の柵、堀をめぐらして新羅の浮因を置いたところの意。応神朝に渡来の弓月君の子孫が秦氏と名乗り、全国に居住し産業を開発した。政所に帰化人が居住して新羅社を祭り、政所下組の祭典には奉斎新羅社祭礼の幟が立った。楷書幟は右側、草書幟は左側に立つ習慣となっている」と説明がある。新羅社とは新羅明神ということであろう。新羅神社は正覚寺境内の左手の山の中腹。社殿は簡素な建物で本殿は小さな祠である。古代の祠を思わせる。「新羅社」と書かれた札が社殿の中央に立ててあった。

氏子である竹内昭次（大農家）夫妻に話を聞いた。「新羅社の由緒は新羅の捕虜とかいうことになっているが事実はそうではなく、多分この辺は新羅人か秦氏が治めていた集落があった。それを物語る地名がいくつか残っており、当家の周囲には王城があったらしく、王の内という。そして、その隣地の籠田橋のあたりは政所と称し、政治をとる屋敷があったらしい。新羅神社もそこに祭られていた」。古代のこの地には新羅渡来人の国があったのかもしれない。竹内さんは「史料が残っていないので私たちの口承以外に伝えるものがなく残念です」と話していた。

平尾八幡宮に合祀新羅神社

王の内の裏手に小山があり、そこの森の中にある平尾八幡宮に新羅神社が合祀されている。境内の『平尾八幡宮略記』の説明は『菊川町史』の内容と同じである。「鎮座地は小笠郡菊川町中内田。祭神は足仲彦命（仲哀天皇）、誉田別命（応神天皇）、息長足姫命（神功皇后）の三神。明治九年一月に中内田村各社氏子協議の上平尾八幡宮に十九社を合祀することとなった」。合祀の新羅神社は字籠田の新羅神社である。籠田は、先に見た政所の一帯であるが合祀の新羅神社のあった場所は定かではない。なお、菊川町教育委員会の話によると、当地区には新羅神社は三つあり、二つが八幡宮に合祀になり一つが正覚寺境内に残っているとのことであった。

新羅人の碑

浜名湖北方富幕山《とんまくやま》山中にある、新羅堂と呼ばれる廃寺跡と、新羅堂崩れといわれる墓塔群（分布は五～六キロ四方の範囲に及ぶ）の遺跡にまつわる口碑伝承がある。「奥之山村、方広寺の近処に富幕山という深山あり。この山中に新羅堂という堂有り。…この堂は人皇四十五代聖武天皇神亀元年、天皇の御願により御建立。行基作の本尊と七堂伽藍の霊寺なども兵火に焼け、その後再建できず今は堂一つ残る…弘仁十一年二月新羅の人、遠州奥山村に住み、謀叛を企て徒党七百人押領せしに、遂に討ち取られしこと『前々太平記』に見えたり。この事を以って新羅堂の名有りか」（『引佐町史』、夏目隆文『新羅人叛乱の夢』ほか）。現在、新羅堂崩れの跡には「奥山地区内有縁無縁石仏新羅堂崩れ追善」と書かれた木の板があり、脇に榊が供えられている。なお同じ頃、養老四年（七二〇）九州の国分平野で隼人の叛乱が起こっている。

3　埼玉県の新羅神社

埼玉の新羅神社は、太平洋から荒川に沿って伝播していったものであろう。埼玉県には新羅系の地名や神社が多いが「新羅神社」と称するものはない。埼玉県の神社もまだ全部は調べていない。先に東京の墨田区の神社で述べたように渡来の人々は埼玉県や群馬県にまで入植していた。今回、埼玉県の中でも特に新羅と係わりが深いといわれている現在の和光市や新座市の神社を訪問した。このあたりは古代の新羅郡の置かれたところであり、「志木郷」「志楽木郷」「新座郷」など新羅を意味する地名が残っている。埼玉県は氷川神社（素戔嗚命）が多いことと新羅系渡来人と関係が深いことで有名である。

和光市新倉の氷川八幡神社

新倉は旧新羅郡新羅郷である。当地の氷川八幡社は別名「上の氷川さま」といわれる。これは現在、氷川神社が新倉と下新倉にあるが元は一村であったため、新倉の神社を上、下新倉の社を下の氷川さまと呼んでいた。これは福井県今庄町の新羅神社と同じ形である。当地は新羅郡（『延喜式』には新倉郡）の中心であった（後に新倉として独立した）。坂下に午王山《ごぼうやま》（牛房山《ごぼう》）がある。『新編武蔵風土記稿』に「牛房山の上に僅かの平地あり、昔新羅の王子、京より下向の頃ここに居住せしと言う…当村に山田、上原、大熊など氏とせる農民あり、是は古き家なるよし、彼等が先祖は京都より新羅王に従い来たりしなりと言い伝う」。この伝承によれば当地は新羅の王子とその従者たちによって開拓されたことになる。「新羅王」の住居跡が残っている。この京都は都の意味であろうか。古老の話として「上の郷にある駒形神社に椋の大木があった。午王山にいた新羅王がこの付近を馬術場としており、椋の木は馬を繋いだ木と言われており、土地の人々は代々この木を大切にし枯れ枝が落ちても決して燃料にはしなかったという」（和光市坂下公民館歴史委員会『にいくらさかした』)。

『神社の栞』によれば祭神は素佐嗚命と誉田別命の二神である。社殿は八幡神社社叢の森の中にある。本殿は切妻造。氷川八幡社の本殿の背後に、元宮と書かれた小さな祠がある。唐門付きの屋根を持つ。鳥居が立ち特別の区画になっている。この祠は現在の氷川八幡とは別の神を祭ったものであろう。地元の人々の伝承では「モトミヤサマ」と呼んでいる産土神である。『和光市史』に次のような説明がある。「元宮なる社は元々の土着の神で早くから入植していた新羅の王子を祭っていたのではないだろうか。近隣の高麗川には高麗若光王を祭った高麗神社がある。その後時代の変遷とともに祭神の素戔嗚命は氷川(肥川)の神即ち出雲大社の神として残り、神仏習合の思想の影響もあり八幡の神を祭ったのではあるまいか。あるいは秦氏族が当地にも入り八幡信仰を崇拝したものか」。いずれにしても、元宮は「新倉神社」または「新羅神社」であろう。

下新倉の氷川八幡社

下の氷川社と呼ばれている。祭神は素戔嗚命と誉田別命の二神で、上の氷川社と同じである。この氷川神社も氷川社と八幡社が合祀されたものである。八幡が先で寛治五年(一〇九一)の創立、氷川社は文禄三年(一五九四)の勧請といわれている。しかし当社のある地は新羅の王子の伝承がある地域であり、『紀』にも新羅人の入植の記事が載っていることを考慮すると、上新倉の氷川八幡社と同じ由緒であろう。

白子にある熊野神社

和光市白子に熊野神社がある。元来は氷川神社であったと言われている。白子は新羅の転訛したものであり、新羅の人々が拓いた村落の名称である。したがってこの熊野神社も元々は白子（新羅）神社であろうか。戦国時代の文書の中には、白子郷の名が見られる。元禄の頃（一六八八〜一七〇四）には白子郷は上《かみ》、下《しも》に分村したようである。上白子は現在の東京都練馬区北大泉のあたりで、下白子は和光市白子に当たる。白子川（旧新羅川）で区分されている（埼玉県神社府『埼玉の神社』、『和光市史』ほか）。

4　栃木県の新羅神社

神社は那須郡小川町（現那珂川町）白久にある。古代の那須国で七世紀後半に毛野国の東半部と合併して下野国といわれた地方である。白久《しらく》神社は白久山《はっきゅうざん》長泉寺の西、白久《しらく》の集落の西、低い山岳地の森の中。もとは森の前にあったという。神社の前の道路に「白久神社入口」の標識がある。道路からは森の木々に覆われ鳥居しか見えない。石段を登る。拝殿・幣殿・本殿がある。本殿は覆屋の中。流造。祭神は神社の説明板に「伊佐那岐命・伊佐那美命・大国主命・少彦名命とあり、延暦三（七八四）年に勧請…元十二社明神と称し…仁安年中（一一六六〜六九）那須家氏族白久義資が鎮守の神として尊奉する。永禄年中（一五五八〜六九）烏山城主那須資胤」とある。『栃木県神社誌』には、延暦三年創立とあり、伊弉諾尊・伊弉冉尊が祭神とある。白久《しらく》という地は旧那須郡小川町（現在は馬頭町と合併して那珂川町小川）の南部から烏山町にわたる（現在は那珂川町南部〜那須烏山市北部）。地名の白久は新羅の転訛したもの（『那須郡

白久神社（栃木・那珂川町）

誌』、なす風土記の丘資料館『しらきの里ウォーク』ほか）という。この地は古代に新羅系の渡来人が住んでいたという。もとは上・中・下白久と分かれていたが、町村合併で小川町と烏山町に編入、その後は白久となった。古く当地は群馬県とともに毛野国と呼ばれ、今の那須郡は那須国と呼ばれていた。この地方には古代古墳も多く、古代から豪族がいた。遺跡から新羅の仏像が出土している。金の産出もあったらしい。白久が新羅の転訛という例は熊本県・球磨郡の五木村・清楽にもみられ白木神社が祀られていた。

第四節　北九州から九州南部に広がる新羅の神

筑紫の南部の筑後に近い地域や熊本地方にも新羅人が住んでいた。これらの新羅人は最も古い渡来の一族である。祭神に素戔嗚命が残っている神社と妙見信仰や毘沙門天信仰など、仏教との習合が強く見られる神社もある。これらは後世にその領地を支配した豪族により多くの影響を受けた。しかし、祭る神はいずれも水運や稲作の神である。

1　嘉麻市の新羅（白木）神社

嘉穂町（現嘉麻市）は香春町の南西。白木神は毘沙門天とともに祭られている。毘沙門天は他の天部の神々と同様仏教の守護神である。

白木神社があるのは古代の鎌（嘉麻）郡であるが鎌（嘉麻）郡の中で「馬見郷は往古天津彦火瓊々杵尊、日向国高千穂峰より足白の馬に乗りて馬見嶽に天降らせ給えり、また天孫降臨の供奉の神、天物部二五部の一に馬見物部と云あり是即ち此地に住めりし物部なるべし」（『嘉穂郡誌』）という。『嘉穂町誌』に次のような説明がある。「紀元前一世紀頃、米づくりの文化（農業）が大陸より朝鮮半島を経て伝来した。遠賀川流域は大陸や半島に最も近い位置（宗像にも近い）にあるので、この文化は先ず北九州に根をおろした。米作りの文化が川をさかのぼり嘉穂町にも始められる」。

上西郷の白木神社

神社は上西郷《かみさいごう》中村にある。嘉穂町社会教育課の福島日出海氏から頂いた資料の『嘉穂町の議会だより』第五二号（平成五年一月二十九日）に「ふる里探訪記」「千束野の毘沙門天さま」の記事がある。「毘沙門天は多聞天と同じであるが、当地のように独尊としての信仰は上西郷中村の天神社境内の白木神社（毘沙門堂）にその例を見ることができる」とある。大隈町からこの上西郷のあたりは古代の三緒《みお》郷から大友郷に当たるようである。山の麓に白木神社がある。左側に毘沙門天神社の鳥居、右側に天神社の鳥居。毘沙門社の社殿は石積みの土台の上にあるが相当古い石の祠である。祠の中に二体の石造りの毘沙門天の立像が安置されている。祠は唐破風型の向拝流造。社殿には白木の文字が見えない。かつては新羅（白木）神社の社名が表に出ていたと思われる。このまま何年かたつと天神社となってしまうであろう。神社の手前の家の主、野見山氏の話によれば、神社はかつて現在の久吉中学校の場所にあった（現在地より南東）が、中学校をつくるために現在地に移座したという。

千束野の白木神社

千束野の白木神社についても前述の『嘉穂町の議会だより』に記載がある。「間口二間、奥行三間の御堂真正面の、出奥風（建物の奥の一部が外部に出ている）の中に御社があり、内陣に、毘沙門天の御像が祭祀されている。その昔、いつの頃か千束野周辺で疫病のため、村人達が次々と倒れて、薬石効なく死亡する人も多く、大変難儀をしたそうである。…その最中、一人旅の修行僧が杖を止めた。村人の苦しみを救うため御堂に籠り、毘沙門天を祭って日夜を問わず一心不乱に、病気平癒、疫病退散を祈願した。その甲斐あってか、ほどなく村から疫病が終息した。…修行僧は、以後毘沙門天を祭るよう話をして…この地を去ったという古老の話が、今に伝えられている。…このあと、平成の今日まで、連綿と祭祀されている。正式には、白木神社神座連名簿で、今は五軒の当主が順番で責任をもっている。…福岡地理全誌

嘉穂町千束野の白木神社毘沙門天像

(三)(明治十三年)には村社高木神社の末社十一の内白木神社(千束野)と記載され毘沙門堂であることが実証されている」(嘉穂町郷土資料館・豊福英之)。

遠賀川の上流(南東)の山裾地。嘉麻《かま》峠が近い。峠の少し手前、「神有入口」を山側に入ると神有の集落。集落の入口に「千束野」がある。道路に面して白壁の二階建田舎屋風の大きな家がある。入口には「嘉穂の峰、待《まち》音《ね》窯《かま》」と白字で染め抜かれた青色の幕。神社は家の裏の森の中。古い大きな社殿。入母屋造の拝殿の中央部に神棚が見える。本殿である。本殿は流造風の建物。開扉されていて中には彩色された毘沙門天の像が一体安置されている。像の色彩は大分剥げており、右手は半分失われ、左手にも宝塔はない。顔面は白く塗られている。本殿の横に昭和六十年七月の屋根の葺替に係わる寄進の札が掲げてある。「白木神社瓦葺替、総工費金七拾六万円施工者名、江藤義蜂、江藤朝秋、川上弥一郎、江藤敏治…」。

この神社も現在は毘沙門社といわれているので、一見しただけで白木神社ということはわからないが、寄進を記録した板に「白木神社」と書かれているので、それと判別できる。なお、白木神社のある千束野から十分ほど北へ登った熊ヶ畑山の麓にある谷あいの集落を、白木という。多分、古くは新羅であったものであろう。現在は嘉麻市熊ヶ畑白木である。嘉麻市の原田遺跡は弥生中期から後期にかけての大集落遺跡で、その規模は吉野ヶ里遺跡に匹敵するといわれている。

2　朝倉市の新羅（白木）神社

旧秋月街道を下る。嘉穂町（現嘉麻市）と甘木市（現朝倉市）は馬見山、古処山などの山々が境界をなしている。甘木市は隣の朝倉郡とともに縄文から弥生時代にかけての遺跡が多い。甘木地方が古くから朝鮮半島と係わりの深かった様子が『甘木市史』に書かれている。「北九州に最初に大陸系の磨製石器や金属器と共に渡来したのは朝鮮南部の住人であった…弥生文化初期には朝鮮半島にしかない南鮮式の支石墓や磨製石器が北九州で発見される…弥生文化の板付Ⅱ式の時期になると遺跡が急増し、その分布も九州全体、…この時期の文化の流入は朝鮮半島からの一方的なものではなく、弥生文化社会からの要求に応じて弥生人自らが赴き、無文土器社会と交渉をもったものである。このことは金海貝塚で弥生人を葬ったと思われる弥生中期初頭の甕棺墓が発見され…当地でも相当の地位を保ったことを証明する多くの青銅利器を副葬していた」とある。

甘木地方には弥生時代後期の遺跡や集落、墓地群も数多く発見されている。小隈原田八幡宮の石蓋土壙墓群には特殊な石蓋と鉄剣の副葬が見つかっている。このように甘木、朝倉地方は朝鮮半島と密接なつながりを持っていた。当地の白木神社は仏教の妙見や毘沙門天などと結びついているものなどを含めさまざまの形で存在している。甘木市の白木神社は産土神や集落の神として祭られていたようである。

白木大明神を祭る妙見社

現在の朝倉市屋形原《やかたばる》（旧下座《げざ》郡屋形原村）にある。この白木大明神（妙見社）は産土神で妙見池の畔にある。妙見池は甘木市中央部の佐田川流域にある。妙見池南淵にある民家の裏の森の中に石柱がある。四段の石積の上に石の簡素な祠がある。中には、風化して形が崩れた神像があり榊が飾られている。祠は嘉穂町上西郷の毘沙門社と同形である。屋根は唐破風の流造。祠の前の石柱に彫られた文字は風化して読めない。古賀益城編『朝倉風土記』に「妙見社。罔象女命《つくりばば》或いは白木大明神ともいふ。旱魃の時、雨を祈れば験ありとぞ。村南に佐田川筋流る」とある。池があるので水神を祀ったことは確かであろうが、先に新羅の白木社がありそこへ仏教の妙見信仰が重なったと思われる。村の産神であるにもかかわらず荒れた様子で灌木と雑草に囲まれている。

安川の白木神社

集落の神。現在の朝倉市甘水《あもうず》（旧夜須郡甘水村）にある。この社は仏教との習合がない白木（新羅）神社である。白川に沿って山裾に登る。このあたりは山裾で甘水の集落で最も高い場所（社殿のすぐ下は渓流である)。神社は道路から川の方へ少し降りた場所にある。苔で緑色に変色した太い柱の鳥居が立っている。拝殿と本殿がある。拝殿に「白木大神」の大きな扁額が掛かっている。御神体は鏡。拝殿の中に「再建白木神社聖寿典」と書かれた板がある。神社の左側に石柱があり石の小さな祠がある。祠の正面の扉には「白木神社」と書かれている。神社の由緒は不明。祭神は素戔嗚命であろう。現在は水神として祭られている。

高良社に合祀の白木神社

現在の朝倉市下浦(旧夜須郡下浦村中村)に集落の神の白木社があった(『甘木市史』)。中村の西の端に白木社の跡がある。甘木市の教育委員会に尋ねたところ「白木神社は『福岡県地理全誌』夜須郡下浦村の神社の項の最後に白木社(中村にあり)と記載されたものだと思われます。…文化財係の者が聞き取りを含めて現地を調査しましたところ移された時期は分かりませんが高良王子宮本殿右奥に移されておりました。白木社の字が見えます」との回答を得た。

高良王子《こうらおうじ》社は国道沿いにある。本殿の奥には、大きな石の台上に石の小さな祠が置かれている。高良王子社は甘木市に近い久留米市御井《みい》町の高良山にある高良大社(高良神)の御子神を祭る社である。創祀は不詳。水分と農耕の神であった。下浦の王子社は正暦元年(九九〇)に勧請または、五ヶ村の産神という云い伝えがある。教育委員会の史料『福岡県地理全誌』に「村社高良王子社は筑後国御井郡高良山の麓阿志岐村より迎祭りその後中村に移し建保五年今の所に移せり…里説に村の西北五町。原の側に宮原と云所あり。是高良王子筑後国より飛来し玉ひし所なり。稲荷神社。本宮神社。白木神社共に中村にあり」とある。

毘沙門天とともに祭られた白木神

旧甘木市にはもう一社白木神社があった。現在の朝倉市牛鶴（旧下座郡牛鶴村船形山）である。『甘木市史』には「集落の神で牛鶴村毘沙門堂（船形山にあり）白木社と称す」とある。探したが畑や田が多く神社はなかった。甘木市教育委員会に尋ねたところ後日手紙を頂いた。

「牛鶴の毘沙門堂は黄金塚の東側にあったと『福岡県地理全誌』（下座郡牛鶴村の古跡黄金塚の項）に見えますが、近代の耕地整理の際に塚や山は無くなってしまっており、船形山の痕跡しか残っておりません。その際に毘沙門堂を何処かに移したのかどうか、現在調査中です」。同封の『福岡県地理全誌』のコピーには「仏寺・毘沙門堂（杉山）。古蹟・黄金塚。村の西一町に船形山と云あり。杉山共云。毘沙門堂あり。里民は白木社と云へり…」。古賀益城編『朝倉風土記』にも「村の西一丁斗に船形山（杉山ともいう）と云あり。毘沙門堂あり。里民は白木社といえり」とある。この白木神社も水神、農耕の神であろう。

3　肥後東部の新羅（白木）神社

熊本県は肥後国であるが元々は、肥（火）の国の一部である。持統天皇の頃（六九〇年代）肥前、肥後に分割されたという。白木（新羅）神社は県内全域にある。まさに新羅国の観がする。神社は北部の玉東町、八代市、芦北町、人吉市、球磨郡一帯にある。当地の白木（新羅）神社は妙見神と習合して祭られているものが多い。妙見信仰は北斗七星と係わりを持つが、当地方のそれは星との係わりがなく、水神とのつながりが強い。古く水神信仰があり、後世に妙見が習合したものである（「市史くまもど」第二号、安田宗生『熊本の妙見信仰』ほか）。熊本県は約六〇％が山岳地帯である。山岳地帯から川が流れ出ている。北の菊池川、白川は島原湾に、南の九州山地の間を流れる球磨川は多良木町、人吉市、芦北町を通り八代（不知火）海に注いでいる。白木神社はいずれもこれらの川に沿って存在している。渡来の人々は海からこれらの川に沿って遡り、それぞれの地に集落を営んだのであろう。

玉東町白木の白木神社

玉東町白木は熊本県の北部である。新羅神社は山北八幡宮（白木八幡）という。山北八幡宮のある集落は元々白木村であった。後に上白木村が分かれたため、上白木と白木の二つの集落になった。白木村の中を白木川が流れている。当神社は鳥居、参道、社殿のいずれも東を向いている。夕刻に太陽が神社の背後の白木山に沈む時は鳥居をはじめ社殿はきらきらと光る夕日の中に輝く。

神社は二層の楼門を持つ。楼門の中の随神座像は、異国の服装。本殿は二間社流造。郷土史家狩野氏の説明によれば、神社は古墳の上にあり、神社の楼門は安永五年（一七七六）の建築で、楼門から神殿に続く参道の石は古墳の石であるという。『山北八幡史記』に「主神は宇佐の神（応神天皇）。相殿の左は阿蘇健磐龍神（阿蘇大神）。右は高良玉垂名神（武内宿禰）。神社の由緒は明確でない」とある。『玉東町史』は、次のように説明している。「白木の宮が八幡宮に変わるのは十二世紀である。宇佐の八幡には香春の新羅系製鉄集団が入っておりこれらの勢力が西に進出して当地にも影響があり、白木八幡宮となった。一説によれば、白木八幡宮の創建は和銅二年（七〇九）とも云われている」。

白木八幡が山北八幡に変わった時期ははっきりしない。鎌倉時代に遠江国の相良氏が当地に下向、山北相良氏となっているのでその頃かもしれない。なお相良氏は球磨郡の多良木地方（白木妙見が多い）も支配している。神官の多治比真人は「鉄の神」と言われている。「木葉川流域から山北にかけて勢力を持っていたのは製鉄の技術を持った新羅系の渡来人であった可能性が高い。それらの人々が祖神として白木（新羅）の宮を祭祀したのであろう」（『玉東町史』）。狩野氏は「白木八幡宮の祭神は古来木造の神像であったが朽ち果てて今は両刃の剣（刀）になっている」と説明してくれた。

さらに、白木八幡には世尊寺という神宮寺があった。世尊寺跡がある。山北八幡の社殿と鳥居の間には素戔嗚命の古墳といわれる墳墓がある。また神社の前には牛頭《ごず》山川が流れ牛頭田もある。狩野氏は「白木（新羅）山は、土の神、鉄の神である。白木（新羅）神社の裏に白木（新羅）山があり、新羅山の奥には千人塚と言われている場所がある」という。当地域は古く縄文後期（三千年前）頃から栄えており、上白木の隣の原倉には大谷石器製作所遺跡、上白木の西原には平安時代の西原製鉄所跡があり蹈鞴の原形を保っている。白木柏軒の墓もある。

村史等に阿蘇白木社と記される白木神社（台風のあと。豊野村）

新羅系氏族の氏寺であった稲佐廃寺

木葉川の近くに稲佐廃寺跡がある。稲佐熊野座神社の隣である。寺院跡からは、奈良時代の朝鮮新羅系の瓦が出土している。稲佐熊野座神社は素戔嗚命を祭っている。古代の稲佐は水陸交通の要衝であった。

4　肥後中部の新羅（白木）神社

旧肥後国中部・南部の白木神社を探すに当たり熊本県教育庁文化課の島津氏をはじめとする人々が一緒に探してくれた。

阿蘇山を含めた九州山地の西側に下益城《しもましき》郡がある。八代市や球磨郡の東にあたる。神社は益城丘陵の中央部に当たる豊野村（現宇城市）にある。

豊野村糸石の白木阿蘇神社

祭神は建磐龍命《たていわたつのみこと》・比咩命《ひめのみこと》とされるが宮司の宮崎氏は白木社であったという。もとは「白木妙見宮」で、現在

小熊野神社拝殿を望む（豊野村）

の名称は明治以降とのこと。向拝付入母屋造の拝殿の梁には「白木宮」、幣殿の梁にも「白木神社」の額がある。本殿は流造。阿蘇神社の名称は新しく、白木妙見宮の妙見の名が消えて白木阿蘇となり、阿蘇神社の祭神が残されているとのこと。元々は新羅の白木宮であった。神社の裏手の山裾に元宮がある。石の祠「古宮様」という。創祀年代不詳。境内末社に荒人神社がある。祭神は都怒我阿羅斯等と思われるが応神天皇に変わっている。

上郷の白木神社

旧豊野村上郷《かみさと》は糸石の西にある。小熊野神社ともいわれた。神社は山裾。はるか手前に鳥居。江戸時代までは「白木妙見社」といわれていた。祭神は天之御中主神・日子穂々手見命（彦火火出見命）。白鳳年間の勧請といわれているが、創建年代不詳。宮司の宮崎忠允氏は白木阿蘇神社も兼務されている。当社は水晶山（石灰石を採掘。水晶が混在していることから名がついた）の観音平《ひら》から中腹の白木平村に移され、その後現地に建てられたという。神社の神奈備に当たる山は「亀の山」といわれ、妙見神が亀蛇《きだ》の背に乗り渡来してきたといわれている（八代市の白木妙見宮と同じ）。この山は神社の正面から見ると亀の形をしている。極太の石の鳥居。入母屋造の八脚門も非常に大きい。扉はない。唐門付入母屋造の拝殿と流造の本殿。拝殿の左右に随身像が置かれている。元々は神社の裏山に妙見上、中、下宮の三宮があったという。現在は宮の跡地のみ。

5　肥後西部の新羅（白木）神社

八代市の南、球磨川と八代海に挟まれた芦北町に白木神社がある。芦北という地名は古く、『紀』の景行天皇十八年の条に「五月一日に葦北から船出して火国についた」と記載されている。芦北郡は葦分国《あしきたのくに》、葦分国といわれた。「分」は「きた」と訓まれていた。豊前の「大分」も「おおきた」と称された。町の中心の佐敷について『芦北町誌』や李炳銑『日本古代地名の研究』には「佐敷」という地名は「さし」の朝鮮古語の「城」で、「き」は百済語の「城」、また朝鮮古語で「しき」は「城」「磯城」で、「さ」は矢の意味である。したがって「矢の城」または「磯の城」であると説明している。いずれにしても朝鮮古語の城に由来する地名である。

佐敷港は芦北の津といわれ、規模が大きく、古くから交易船が入港していた。芦北町には白木という集落がある。旧大野村大字白木である。上白木、下白木に分かれている。昔から、上白木の集落の人々は姓の上の字に全部白という字を付けることになっており、白畑、白藤、白上、白崎、白山などという。一方、下白木の人々は、姓の上に木の字を付ける。すなわち、木山、木渕、木下、木崎、木林、木川などであるという。これは、二つの集落が同族であることを示すための合言葉にもなっていたという。白木の近くに白石という地名がある。葦北郡の北隣りの八代郡には、百済来《くだらき》という地名があり百済来川も流れている。久多良木という字を使っている集落もある。

『紀』の敏達天皇十二年（五八三）の条に「任那を復興しようと思う。いま百済にいる肥の葦北国造《あしきたのくにのみやつこ》阿利斯登の子達率日羅《たつそつにちら》は賢くて勇気がある。紀国造《きのくにのみやつこ》押勝と吉備海部直羽島《きびのあまのあたいはしま》を遣わして百済に召しにやられた」とある。日羅は欽明天皇十五年（五五四）に百済に渡って三十年余国王に仕え王族に次ぐ達率《たつそつ》の位に就いていた。五六二年には新羅が百済を破り任那を滅ぼす。欽明天皇は崩ずるに際し皇太子（敏達）に、任那の再建を命じたので、朝鮮問題解決の相談相手として日羅を呼び戻したが日羅の意見が百済の反感を買い百済人に暗殺されている。芦北（葦北）地方は、早くから新羅や百済との往来や文化の取り入れなどが活発であった。『紀』の推古天皇十六年（六〇八）の条に「この年は新羅の人が多く化来《おもむ》けり」、翌十七年の条には、筑紫大宰府の長官が奏上して、百済の僧道欣・恵弥を頭として僧十人俗人七五人が肥後国の葦北の港に泊れりとある。

諏訪の神を祭る白木神社

『芦北町誌』には白木神社と記載していない。佐敷の諏訪神社とある。しかしこの諏訪神社に次のような言い伝えがある。「白木のお諏訪さんが本家であったが佐敷に降りてきた」。熊本県における諏訪神社の分布は八代郡・芦北郡・球磨郡に集中しており、その創設時期がほぼ相良氏の隆盛時代に当たるので、相良氏の一支族の守護神とも考えられる。境内にある佐敷諏訪神社の『神社縁起』には、「御祭神　建御名方神（主神）、八坂刀売命（后神）、下照姫命（妹神）。建御名方神は父神に大国主命、母神に沼河比売という系譜を持つ、出雲神国の重要な神である。当神社は、当初は芦北郡白木村諏訪山に祀られていた。その後佐敷村字土迫の現在地に遷座され、永享十一年（一四三九）に相良近江守前続公によって再興されている。御神紋の『違鎌紋』は鎌に妹神の下照姫命が移り住むという伝承によるもの。鎌の霊験を信仰し敬う風習が残っている」とある。

信濃の諏訪大社は下照姫命を祭っていないので、この神は当地との縁で祭神に加わったものであろう。信濃の諏訪大社に「薙鎌《なぎかま》の奉斎」という特殊神事があるが、薙鎌は諏訪大神を象徴する神器といわれている。また、鎌倉幕府は諏訪神社の「御射山祭《みさやまさい》」の神事に全国の武将を参加させ、武芸を競わせた。参加した武将は諏訪大神の御分霊をいただいて任地に赴き、御分社を奉祭した（『諏訪大社由緒略誌』）といわれているので、その影響もあると思われる。白木の諏訪神社が佐敷に降りてきたことを考えると当社は白木神社であろう。

白木の白木神社

旧白木村の諏訪神社へ向かう。佐敷は海に近いが白木村は山に囲まれている。山裾の集落の入口に「芦北三三ヶ所第十二番霊場」の観音堂があり狩野法眼の絵馬がある。この絵馬は夜になると絵馬札より抜け

町誌には諏訪神社と記載されている白木神社（芦北町）

出したといわれている。「寛政六年芦北郡白木村」の記載がある。観音堂の先の山裾に白木神社がある。神社入口の石の明神鳥居には「白木神社」と書かれた扁額が掲げられている。『芦北町誌』には白木の諏訪神社と明記されているが、現地の神社は白木（新羅）神社である。したがって諏訪山と説明されている裏山は白木山であろう。社殿は長い石段の上の高台にある。大きな拝殿と本殿が建っている。

古老に聞くと「祭神は佐敷の諏訪神社と同じで、建御名方神、八坂刀売大神、下照姫である。本来は佐敷に白木神社があり、白木に諏訪神社があったが、逆川が西から東へながれる川であるため、諏訪神社の神が川下には住みたくないといって川上に移った」という。白木神社の前を流れる川を逆川と言う。白木の白木（新羅）神社が本宮で佐敷のそれは分社であるという意味であろうか。御神体は木像で三体。農業の神であるので鎌を紋にしている。芦北地方の風習としてかつて出産する時は薄暗い納戸の部屋で行ない、後産の場合は便所の傍らに埋めるのを通例としたといわれている。対馬の風習を思わせる。古くからの民俗芸能として、太鼓踊り、棒踊り、唐人踊りなどが伝わっている。「唐人踊りは唐人の服装で踊るが歌詞は外来語で判然としない」（『芦北町誌』）という。芦北町の湯浦にも諏訪神社がある。白木神社の系列かもしれない。

6　八代市の新羅（白木）神社

球磨郡の山岳地帯に源流を持つ球磨川が八代海に注ぐ河口の町が八代市である。八代は「やつしろ」「やしろ」である。「やしろ」とは、『出雲国風土記』の意宇郡屋代《やしろ》の郷に「屋代の字は神亀三年（七二六）に改字されずに使われた、社《やしろ》と同じ」と記述されている。「八代」は「屋代」すなわち「社」である。また社は「杜《こそ》」であり森である。したがって屋代は神を招き祀る場所である。当地にも新羅人による一大国家が存在し祖霊を祭ったであろう。

この地方は景行天皇と係わりが深い。『紀』に「葦北より…火国に到る。…八代縣の豊村ともうす」とある。この豊村は宮原町（現氷川町）の付近である。八代の白木神社は妙見神とともに祭られている。この妙見神は北極星・北斗七星の神格または仏格であり、古代中国では、北極星は天皇と呼ばれていた。「妙見宮社記」によれば「妙見神の来朝は天武天皇白鳳九年（六八〇）、妙見神は神変をもって、目深、手長、足早の三神に変じ、遣唐使の寄港地、明州（寧波）の津より、亀蛇（玄武）に駕して、当国八代郡、土北郷、白木山、八千把村、竹原の津に来朝せり」という（『八代市史』）。『類聚国史』は「子熊野郷と八代郡隣近諸郡で北辰妙見の法を新羅妙見と呼ぶのは、新羅国からその修法を伝えて来た由縁であろう」としている。

妙見宮は白木山神

妙見神社は四脚門、拝殿、本殿を持つ。宮司の子息から『八代神社の歴史』と『妙見祭の案内書』をもらった。境内に「妙見由来」と「八代神社」の説明板がある。それによると「八代神社は元々は妙見宮と呼ばれていたが、明治元年の神仏分離令により改称された。上宮、中宮、下宮に分かれており上宮は旧宮地村横嶽（三室山）の山頂に、中宮は上宮の麓（宮地谷村）水無川の谷の奥に、下宮（本社）は八代郡太田郷赤土山の下（旧宮地村）にある」と記載している。『八代市史』に記載のある「神宮寺縁起」には「妙見は大日如来なり、妙見は七体に現ず。ゆえに七体妙見と号す。天にありては北斗尊星、漢土にては真武上帝、日本にては白木山神と現わる（『妙見宮社記』も同じ）。白木山神が、われは白木山神なり。名を妙見菩薩と宣言した」とある。時代は不明である。

社伝によると当社はもと「竹原妙見社」であった。文治二年（一一八六）「妙見下宮」創建時の妙見信仰の上陸地が竹原で、かつ三年間鎮座の古跡であるというので、白木社とともに造営されたといわれている。当社は古代に八代に上陸後、三年目に東北の益城郡小隈野村に移り再び宮地の横嶽に移ったといわれている（『八代市史』ほか）。『八代市史』には「白鳳九年の妙見神の来朝は実は、新文化の伝来であり八代の球磨川口が我が国の古代に大陸と交渉を持っていたことを物語るものであり、上陸当時に妙見神とか妙見信仰などと言ったわけではない。原始妙見信仰ともいうもので神社にいう妙見神とは後に仏教の妙見菩薩の信仰を本にしている。妙見信仰は元々中国渡来の外来神であるが、現在では全く日本化してしまった」とある。なお当社の祭神は明治元年以降、天之御中主神と国常立尊である。

霊符神社と新羅山神

妙見宮境内の南端に明神鳥居があり、民家に挟まれた参道の背後に白木山がある。山の麓の二つの鳥居には、霊符神社の扁額が見える。二の鳥居には、霊符神社連絡所・山崎商店内と書かれた看板があるので、妙見神社と霊符神社の管理は別のようである。妙見宮の宮司の子息は、霊符神社は妙見宮とは関係ありません、と言っていた。境内には、霊符焼窯跡の碑がありそれには昭和五十四年の発掘で複室の登窯や白磁系、李朝青磁系の焼物が出土したことが書かれている。社殿は拝殿と流造の本殿。境内に「八代市文化財保護委員会江上氏」と「鎮宅霊符神社氏子妙見町四区」が書いた説明文がある。「鎮宅霊符の本宮・霊符神社。霊符神社は八代神社（旧妙見宮）の末社で霊符尊星をまつる。現在は亀蛇で駕した妙見菩薩が本尊である。『肥後国誌』には、「妙見山ノ内赤土山ノ上ニアリ」と記され、『鎮宅霊符神』によれば百済国聖明《せいめい》王の第三王子琳聖《りんしょう》太子が八代に渡来の折に伝えられ、肥後国八代郡白木山神宮寺に鎮座したのが日本最初の霊符神とされている。霊符は上に太上神仙鎮宅霊符と題し、中央に本尊妙見の亀蛇に駕する像を図しその周囲に北斗七星、左右に七十二の秘法を書き、下に霊符の釈を記してある。これを信仰すれば、除災興楽、富貴繁栄を得るといわれている。『鎮宅霊符縁起集説』には霊符金版を天平十二年（七四

○）聖武天皇の頃肥後国八代郡白木山神宮寺で梓（版木）にちりばめたと記されている」とある。

百済の聖明王子云々は新羅とどういう関係があるのかよくわからない。この地は百済ではなく新羅であり元々は新羅の人々が居住しており、新羅来山（新羅山）の中腹に新羅神社があり、その後白木山の白木神社に北斗七星信仰の妙見が重なったと考えるのが真実に近い。あるいは霊符神社は白木山神宮寺で新羅神社の氏寺であったのかもしれない。霊符神社と白木山の麓の妙見宮は一体として考えた方が史実に近いと思われる。『八代市史』によれば「上陸当時の神名が漠然としてよるべき資料を欠いている。江戸中期の学者にも、縁起にいう白木山神をもって最初の神名であろうとする考えがあったことは、『皇朝、妙見となづくることは、もと釈氏におこる。そのはじめ白木平に鎮祭のときまでは妙見の名なく、白木山神といいたるゆえか、いまも妙見白木社とも称せり』（『国志』）によくみえている」とある。白木は新羅であろう。

白木社妙見の浅井神社

旧八代城の近く、代陽小学校の中庭にある。神社は小さい流造の社殿。江戸時代以降は白木妙見宮の末社となっている。「古代のこの地は浅井の津といわれる入江であった。妙見伝来の最初の地がこの浅井の津である。その後竹原の津に向ったがその際に船頭が浅井に残り、清泉のほとりに海神八大竜王を祭り八王子社とも呼ばれた。後に浅井の津の人々がこれを妙見とともに祭ったことが神社の起こりといわれる。境内に八ツ縄の池という霊泉がある」（『神社の説明板』『八代市史』）。古代の八代海は現在の浅井神社のあたりまで入り込んでいたらしい。

7　人吉市の新羅（白木）神社

八代市や芦北地方から人吉市、多良木町などへ通じる人吉街道や薩摩に通じる薩摩街道（大口筋）に沿って多くの白木神社がある。なかでも佐敷から人吉に至る球磨川沿いの道は難路であった。

人吉市新坂下にあった白木神社

人吉市新坂下といわれた場所に大正の初期まで白木神社が存在した（球磨叢書刊行会『球磨郡神社記』）。人吉谷新坂下は江戸時代末期の「城下侍屋敷図」を見ると人吉城の城郭の中に白木神社がある。現在、神社の跡はない。『球磨郡神社記』には「白木社妙見。人吉谷新坂下。祭十月十八日　別当宮司坊。伝に曰く八代郡豊田の庄白木社妙見同体。旧記に云く此神は北斗七曜の神精也。天智帝人皇三九代御宇浅井湊に現す。或は云く天武帝人皇四十代御宇、百済国より八代郡に至る」と記載されている。文中にある百済国は新羅国の誤りと思われるが、この『球磨郡神社記』は大正八年に編纂された書物であるので、少なくともこの時点までは存在したであろう。由緒の中に天武天皇との係わりが記載されていることは新羅とのつながりを暗に示しているものであろう。

人吉市中神町の白木神社

人吉市の郊外、球磨川の下流の中神町大柿。球磨川と山々に挟まれた狭い沖積地である。神社は田圃の中の小さな森の中。社殿は木造。拝殿の中に当神社の修理に係わる記録が掲げてある。

「白木神宮修理　寄付芳名者　昭和四十一年五月。
大柿町　一金壱千円也　尾方一。
　一金弐千円也　大柿重喜　大柿農田信。馬場町…。
城本町…。」

この記録をみると当社は白木神宮で大柿町、馬場町、城本町などの氏神であることがわかる。『球磨郡神社記』には「白木社妙見、中神領大柿村、社人尾形半左衛門　社家の伝に云く、八代郡白木妙見同体。草創の年紀未考。棟札に曰く、明応五年丙辰藤原為続公御願と藤原頼以同都房並長陸再興、永正十三年丙子藤原成澄修復、寛文六年丙午、社司惟安修造」とある。また社殿に安置された神像には、「正へい廿五年かのへいぬのとし十一月二日」の墨書銘があるという（平凡社『熊本の地名』一九八五）。

人吉市の唐渡神社

大柿の白木神社に近い。球磨川に架かる西瀬橋の手前の西瀬小学校の隣にある。社殿は寄棟造のような拝殿と幣殿、本殿は神明造。『球磨郡神社記』に説明がある。「唐渡神《からわたりしん》。西浦外越唐渡神山。社家の伝に曰く垂跡神明にし難き也。鎮座年紀草創願主未考。一に曰く渡唐の天神なりと…」。「韓の渡り」の船神楽で有名なのは香川県善通寺市木徳町の新羅神社の素戔嗚命であった。壱岐にも、唐人神と書かれた石窟がある。同じ神であろう。

8　球磨郡の新羅（白木）神社

人吉市の東部と北部が球磨郡である。球磨地方は、『魏志』倭人伝の狗奴国であるともいわれている。熊本県の南部の大半が球磨郡に属す。しかも大部分が九州山地である。白木神社は球磨川とその支流に沿ってある。

球磨郡相良村の白木神社

人吉市と五木村を結ぶ国道を少し北上すると相良村《さがら》である。村を流れる川辺川は、五木地方の山岳地帯から流れ出て球磨川に合流する大河である。この村には白木谷という地名もある。「白木神社」は深水小田下にある。道路の下に土手がありその下に神社がある。社殿の背後は岩盤、正面には湧水。社殿は西向き。『相良村誌』に「白木神社・鎮座地・大字深水字買元。通称白木の妙見さん。この一帯は現在の瀬堤ができるまでは通称「カメん谷」の水が流れていたようで境内にも浸食された岩盤が露出しています。そしてその基部から大量の清水が湧き出ていますがこの湧水こそ後に「妙見さん」と呼ばれる水の神様そのものであったと思われます」とある。

当社の由緒については『球磨郡神社記』初版（大正八年）に「八代豊田庄白木社妙見同体」とあり、棟札の記載もある。明治三十七年の棟札には「無格社白木神社熊本県球磨郡深水村字宮司。社殿八坪。境内一九四坪。…明治十二年神祠存置御願聞届済…」（『相良村誌』）。また『相良村誌』に「神殿には四個のムキ石がある。それでしいてご神体といえばこのムキ石です。…当村は数種類の伝統行事が行なわれているが、その中の一つに水の神を祭るカワカグラがある。川の神（水神）を祭る行事で、春夏秋冬に行なわれる」とある。カワカグラは川神楽であろうか。踊りはない。この社も他の神社と同様に古代からあった氏神を祭ったものが元々の社であろうか。

五木村清楽の白木神社と阿蘇神社

五木村は高く聳える九州山地の中にある。水田はほとんどなく、粟、稗などが特産物である。平成十四年現在川辺川のダム工事の関係で五木村役場までは舗装の道路ができている。清楽は山の中である。五木村は川辺川の氾濫を防ぐために一九六六年ダム計画を発表している。そのために、川の両岸にあった集落は全部、川から一〇〇m以上高い山の中腹に移転している。反対運動が強い。このまま工事が進めば旧五木村はダムに水没する。私が訪ねた時には、清楽の集落は数日前に壊されていた。工事現場の人は、神社は最後まで残してあり今、青色のショベルカーが置いてあるところです、と教えてくれた。しかしすでに痕跡もなかった。川の東側の低地に「瀬目」の集落跡があり「祇園池」だけが草藪の中に残っている。説明がある。「五木村瀬目の八坂神社は通称、祇園さんと呼ばれ、祭神は素戔嗚命、稲田比売命、八柱御子神。祭日は旧暦六月十五日である。この八坂神社の御池が祇園池で大洪水にも埋まったことがなく、渇水期にも決して渇れたことがない。澄み切ったことも無く、底の知れない池で、種々の伝説をうんだ…」と。

清楽の白木神社の祭神は天之御中主神であるが、この神は後世に道教思想の影響を受けて成立した神である。本来の神は白木（新羅）神であったであろう。多良木町の史家、住吉氏の説明によると「清楽」は、元々、「白木」→「しらく」→「清楽」と転訛したものだろうという。五木村役場で白木神社について尋ねると「先月に白木神社の御神体を五木村役場の近くの阿蘇神社に移座したが神社の建物はまだ残っているはずです」と言われた。一日前なら神社は残っていたようである。合祀の阿蘇神社は川辺川の中洲のようなところにある。境内に説明がある。「棟札に曰く、応永二五年（一四一八）十月二八日藤原成国願主真栖寺住持比丘智礼、鷹野村妙光尼等再興。…相良藩主の直参あるいは、代参が行われた。西俣阿蘇神社は現在の五木阿蘇神社である」。鎮座地は五木村下小鶴。祭神は健磐龍命、阿蘇津姫命、速瓶玉命。

五木村梶原の白木神社

新しい国道は、村役場まででそこから先の旧道は狭い山道。相当な山奥で眼下に周囲の山々が見える。道路が行き止まり、左手の上の方に集落が見える。神社は民家の奥の山懐の台地状の場所。丸太で造られた鳥居と石灯籠。鳥居には「白木神社」の扁額。竹林の中に拝殿と本殿がある。本殿の中には二つの小さな祠があり神像が祭られている。一つの祠には二体の男女の座像があり両像とも彩色が施されている。男神像はほとんど塗りが剥げており、仏像のような形である。女神の像は金色の王冠を冠り紫色の衣を着け

白木神社の祭神像（五木村梶原）

ている。もう一つの祠には女神で笛か棒のようなものを持った座像が置かれている。

この梶原を南に下ると多良木町である。球磨川に沿って多良木町から入ったり、あるいは人吉から川辺川を遡り梶原に入植したのであろうか。この神社も『熊本県神社誌』によれば、祭神は、天之御中主神である。神社の祭神はおそらく、清楽と同じ白木（新羅）明神であり素戔嗚命であったであろう。

免田町の白木神社と岡留熊野座神社

免田町（現あさぎり町）については『免田町史』に、次のように書いてある。「免田町は、人吉盆地のほぼ中央に位置し、町域の過半数は南方白髪岳山地の山麓を基点として発達した免田川扇状地上にある。鹿児島の姶良カルデラ大爆発により、シラス台地になった。かつては、人吉を中心に多良木・湯前まで続く湖であった」。神社は宮司の尾形清人氏に案内してもらった。白木神社

免田町の白木神社と岡留熊野座神社の神像
（左）牛頭天王像と（右）女神像（岡留熊野座神社合祀殿蔵）

は、かつて人吉街道筋の、竹添（平成十四年五月現在の下免田、永才のあたり）にあったが、『免田町史』や『熊本県神社誌』の記載によれば、昭和二十七年七月に、岡留熊野座神社に合祀され、現在は岡留熊野座神社（旧岡留神社）の合祀殿に祭られているという。

岡留熊野座神社については、同じ『免田町史』に説明がある。「鎮座地、黒田一五七九、祭神　伊邪那岐神・伊邪那美神、速玉之男神。沿革、弘安年中（一二七八―一二八八）の創建」。神社拝殿の前にも「由緒記」がある。宮司の尾形清人氏が昭和五十三年九月に作成の碑である。「当神社は、免田郷中の宗社にして、皇紀一九四一年弘安四年当郡主第四代相良頼俊、和歌山県牟婁郡熊野三所権現を当地平城に鎮座し…。現社殿は昭和六年氏子中の協力を得て造営、村社別格当社掌尾形清治昭和二十七年九月左の神社を合併して宗教法人を設立した。熊野神社築地鎮座。天子神社久鹿鎮座…八幡宮八幡鎮座。白木神社永才鎮座」。

岡留熊野座神社の拝殿に飾ってある鉾の幟や鏡の幟などは

「三種の神器と関係があるのかも知れませんね」と尾形氏は言っていた。合祀殿は本殿の右手にある。三間社流造。神社の拝殿には「熊襲伝説発の地」と書かれた看板がある。岡留熊野座神社の合祀殿の神像を最近県の文化課が調べ何体かを文化財に指定したという。神像は八体あったが、白木神社の神像がいずれかは、確定出来なかったということである。調べた仏像の写真を見せてくれた。牛頭天王像、女神像など江戸時代のものが多い。多分、牛頭天王は白木神社のものであろう。そして「岡留熊野座神社」は玉東町にあった「稲佐熊野座神社」と同じく素戔嗚命を祭っていたのではないかと思われる。

永才の白木神社

永才の白木神社は昭和二十七年に岡留神社に合祀されている（『免田町史』『球磨郡神社記』『岡留神社誌』ほか）が、不思議なことに、永才の白木神社はべつに存在していた。岡留神社の西に才園《さいその》古墳があるが、古墳の東側にある小さな川のほとりに「白木妙見社」がある。周りは広い畑になっている。社殿は東向きで瓦屋根、木造。拝殿の庇の下に「妙見神社」と書いた大きな板が掲げられていた。総代の平井氏が扉の中を見せてくれた。拝殿の奥に旧本殿が置かれている。一間社流造。相当古い。幣束と鏡が飾られていた。平井氏の話では「神社名は白木妙見からいつの間にか白木が消えてしまい、妙見の文字だけになってしまった。一時、本殿を公民館に安置していましたが岡留熊野座神社に合祀したことはありません。祭神は天之御中主神。例祭日十一月十五日。農耕の神。由緒は不明です」ということであった。岡留熊野座神社合祀の白木社と永才の白木神社は同じ社か別の社かよくわからない。あるいは、合祀された白木神社もあったのだろうか。

才園古墳については『免田町史』に説明がある。「この横穴式古墳は、珍しい出土品で知られ、鎏金《りゅうきん》獣帯鏡（白銅鏡の背面に金メッキがある）、中国の後漢（二五～一九五）から六朝（二二〇～五八〇）頃のものであり…この古墳から我が国の古墳で僅か四例しかない鉄鋏が副葬されていた。そして才園二号古墳に葬られた人物は、遠く中国大陸や朝鮮半島にもつながる文物を所有し畿内や北部九州、肥後地方などの先進地帯とも連携をもっていた。この古墳の被葬者は有力な豪族の長であったことがうかがえる」。

上村《うえむら》の白木神社

上村は免田町の南にある。村の南は山岳地帯。南端に国見岳、手前に白髪《しらが》岳、小白髪岳。清願寺ダムの奥には、白髪野という地名もある。『球磨郡神社記』の記載によれば、男鉢《おばち》妙見という神社が上村永里野頭にあった。「社家の伝に云く、八代郡豊田庄白木社妙見同体。正長元年草創厥初は当所蛭牟田男鉢島にあり、故に男鉢と号す。一に尾峰に作る、又久米に男鉢妙見あり之と同じからず…」とある。正長元年（一四二八）は室町時代。往時は男鉢妙見が二社あったが同体ではないという。現在はどちらの神社も見当たらない。『上村史』に次のような記載がある。

「北妙見の男鉢神社は明治十二年六月十五日白髪神社に合祀された。男鉢社というのは現在北妙見と呼ばれている所（下永里から塚脇に行く途中）にあった男鉢妙見社のことで、現在男鉢と呼ばれている地名が当時の名残であるという。増大寺の寺跡が現在の寺畦であるという」。しかしこの地は探したがみつからなかった。当神社は安永二年（一七七三）の『球磨絵巻』にもはっきりと描かれている。

上村の白髪《しらが》大権現

上村の中心部にある。正面に両部鳥居、左手に石造りの明神鳥居。拝殿と本殿がある。神社には二つの説明板がある。片方は新しく平成十四年に作られたものであるが、もう一方の説明板は風化されて文字が消えかけている。

「白髪神社由緒」（古い由緒書より）

御祭神　日向鵜戸神宮同体　主神　鵜葺草葺不合《うがやふきあえず》尊
御父　彦火火出見尊《ひこほほでみのみこと》　御息　彦五瀬尊《ひこいつせのみこと》　同　稲飯《いなひ》尊
同　三毛入野尊　同　神日本磐余彦《かむやまといわれひこ》命（神武天皇）
右御祭神に姫神六社を併せて祀り白髪十二宮と云う。

新しい由緒書によると、「創建については年代古くして不詳なるも棟札によれば、建久年間人吉藩初代相良長頼四男、頼村公、白髪岳絶頂の御池祠を再興するとあり、…上宮白髪岳、中宮皆越白髪岳、下宮上村白髪神を白髪三神と云う」。

『球磨郡神社記』にも同様の記載がある。白髪上宮は御池のある山の上にあるという。神社の祭神をみると、いずれも香春町の現人神神社でみた新羅系の一族である。白髪は難波にもあるが『日本姓氏大辞典』によれば、白毛、白髪は新羅系の姓であるという。ここの「しらが」も「新羅」の転訛ではないかと思われる。なお前項に記載した白木神社は当社本殿の中に祭られているという。

須恵村の白木神社と諏訪神社

須恵村は人吉街道沿の多良木町の一つ手前の村である。免田町の尾方宮司と、多良木町の郷土史家の住吉氏に案内をしてもらった。現在、旧白木神社は残っていない。『球磨郡神社記』に「白木社妙見は須恵濱上にあり。八代郡豊田庄白木妙見同体、草創年紀未考、文亀年中再興、寛永十六年社壇死蛇多し、之に依て造替」と記載されている。『須恵村誌』には「大正十二年（一九二三）阿蘇神社、八王子神社、水神社、山神社と共に現在の諏訪神社に合祀された」とある。さらに『須恵村誌』の「神社存置願」には「球磨郡須恵村字清明四、八八四番。白木神社、祭神　不詳。勧請　不詳。建立　不詳。建物三坪四合五夕。…明治十二年六月三十日　須恵村人民惣代人　吉村丈七…」とある。字清明の地は現在の浜の上地区であると聞いたので、浜の上地区へ行ってみたが荒地で何もなかった。須恵村の北部、阿蘇川の上流にある平山集落の近辺には「鉾の谷」とか「白木谷」「白木谷川」などがある。

なお、『麻郡神社私考』に次の記載がある。「文亀年中（一五〇一〜一五〇三）浜上の白木妙見を再興した」。諏訪神社に由緒が書かれている。

「諏訪神社（諏訪大明神）由緒記。

鎮座地　球磨郡須恵村谷川二、六三七番地。御祭神　建御名方命、八坂刀売命。創立　年代創立者共に不詳。合祀社　阿蘇神社、白木神社、水神社、山神社、八王子神社（大正十二年）。沿革、本社は信州

（長野県）諏訪郡に鎮座せられる諏訪神社（官幣大社）と同体。…その始は現地よりも西方約十町の久留須山（今諏訪原という）に在った。…」。

尾形宮司は、諏訪神社が当地方に多くあるのは諏訪地方の人々が来たためでしょうか、と言っていた。現在の須恵村の地名は古代から須恵器の生産が盛んであったところから付いたものであるという（『須恵村誌』）。

多良木町奥野の白木神社

多良木町は人吉街道沿いの球磨郡の東端にあり宮崎県が近い。この白木神社も妙見神社と呼ばれている。農家と田畑に囲まれた小高い山裾の丘陵地にある。石の鳥居に「白木神社」の大きな扁額がある。森の中に木造の鳥居。二の鳥居の間を新しい道路が通っている。記念植樹の白木がある。鎮座地は奥野笛木城妙見山。『球磨郡神社記』に「八代郡豊田庄白木社妙見同体、鎮座年紀未考」とある。社殿は大きな八幡造のような形の拝殿、幣殿には幣束が飾られている。本殿は流造。多良木という名称は文字通り「多羅来」であり、これは古代朝鮮南部にあった加耶（加羅）諸国の一つである。「多羅」の人々が来た町ということであろう。「多羅」は「息長帯姫」（神功皇后）のタラシ（多羅）と同じ多羅（大加耶の近く。後に新羅に併合される）である。多良木町の赤坂古墳、ヤリカケ松遺蹟などからは細形銅剣や金銅製の馬具類などの新羅、加耶系の出土品が出ている。郷土史家の住吉氏は「この地域にはおそらく多くの渡来系の人々が住んでいたことでしょう。多良木の特産物は麻であったらしい。古代麻績《おみ》郷があり、麻織の民がいた。これは、秦氏が多く、秦□清、幡摩《はたま》等の名が見られる。また、土師《はじ》についても、土器の製造で、秦氏の名が見える」という。

多良木町黒肥地（蓑田）の白木神社

この社は多良木町役場の北方の高い丘陵地にある。黒肥地、旧蓑田《みのだ》である。鳥居の扁額は字が薄くなって読めない。境内の奥に社殿がある。社殿の中に小さな古い本殿の祠がある。流造。この小さな本殿は免田町永才の白木神社の本殿と同じであり、木の色・古さ・注連縄の太さや張り方など瓜二つである。社殿を建て替える前の古い本殿であろう。『球磨郡誌』の説明は「無格社。白木神社　蓑田にあり。天御中主神を祭る。草創の年紀は詳らかではない」とある。

なお上村・岡原村・免田町・須恵村・深田村は、平成十五年四月十五日に合併し「あさぎり町」となったので、地名や神社などを探すことはより困難となった。

9　鹿児島県の新羅神社

当地方は隼人国ともいわれるが、古代の南九州は熊襲国（日向・薩摩・大隅）であり、熊は球磨郡、襲は曽於郡の地名に由来する。先に記した能登の熊来《くまき》は球磨に由来するといわれる。曽於は現在鹿児島県の大隅半島の北部の郡名である。古代の曽於は熊襲国の王都名であり中心は現在の霧島市国分地域であった。熊襲族は天孫降臨以前に韓国（新羅）から渡って住んでいた。襲（曽於）は当地にあった韓国の首都であった。『記紀』では当地方は天孫降臨の地である。当地には神代の瓊瓊杵命、火遠理命（彦火々出見命）、鵜葺草葺不合命の三陵がある。神武の陵は東征した大和にある。

白木姫を祭る白木神社

鹿児島県の大口市に白木という集落がある。江戸時代までは羽月郷白木村といい、上白木門、下白木門などに分かれていた。集落の中を白木川が流れている。当地はかつて、牛屎《うしくそ》院といわれ大隅国に属していた。牛屎の地名の起源は不明であるが牛山の異名といわれる。牛屎→牛山→大口と変化してきたらしい。一説には秦氏の後裔といわれる。神社は大口市大字白木（白木部落）にある。明神鳥居に「白木神社」の扁額が見える。社殿は木造茅葺。祭神は白木姫尊、御神体は白木の聖観音立像。観音像（平安時代〜鎌倉時代の作という）の光背の表と裏に墨書（足利時代の再興時のもの）がある。表は「長福寺応永十五年（一四〇八）三月六日元豊義明別当良達坊良清…本田三反良清子息羽州導仙嫡子次郎殿元忠代」、裏に「本田三反良清大導聖観音白木山長福寺行基菩薩御作也」とある。

白木神社の聖観音像（大口市）

　一説にはこの像は室町時代に平宗盛の曽孫清祖が平家滅亡後、元亨二年（一三二二）白木観音を守って京都を逃れここに到り、白木寺院（長福寺）を建立し安置したともいう。像は朝鮮新羅国の白椿なる香木を使ったという記録があり新羅が白木と書かれるようになったのであろう。墨書や棟札によれば、白木神社の神殿は太秦《うずまさ》元豊が天地長久諸人快楽そして太秦一族の繁栄を祈って聖観音を勧請したものであるという。新羅仏の聖観音であろう。『両院古雑徴』によれば太秦姓は山城国の秦氏と同族であり、牛屎氏、羽月、井手籠、柿木原等、皆太秦姓であり太秦姓の出自は、秦の徐福（不老不死の薬を求めて来日）としている。京都の太秦の秦氏との関係を示唆する伝承が古くからあったので、それが京都から伝わったという伝承に変わってきたものであろう。その秦氏を祖とする一派が牛屎氏である。牛屎氏が康和二年（一一〇〇）に薩州牛屎院の郡司職に任ぜられて以来、子孫が代々その職を継いでいるという。

おそらく元々は渡来系の海人族が住んでいたところであろう。この社殿は元々観音堂で白木山長福寺のものであったというが、おそらく中世には新羅（白木）神社と別当の長福寺であったと思われる。白木神社の伝統行事に棒踊りがある。白木上が棒踊りだと、下白木は手踊りという具合に毎年交互に踊る（『大口市の文化財』『大口市郷土誌』『大口市の指定文化財』ほか）。

五十猛命を祭る韓国宇豆峯神社

旧国分市上井字前田にある。古くは宇豆門《うづもん》であったが転訛して内門→前田となったという。宇《う》豆門は宇豆峯《づみね》神社の門の意であろうか。神社の前のバス停は宇豆門となっている。朱色の鳥居の背後に「韓国宇豆峯神社」がある。拝殿と本殿。本殿の背後は山（かつては山上にあった）。境内社に韓国神社や諏訪神社

霧島連峰の韓国岳（左）

がある。祭神は五十猛命。創建年代不詳。神社の由緒書に「大隅国設置の翌年、和銅七年（七一四）に豊前国から二百戸の民を隼人の教導のため大隅国へ移住させている。その移住者達が建立したとも伝えられ、また『宇佐記』によれば欽明天皇三十二年（五七一）二月豊前国宇佐郡菱形地（池）の上小椋山に祭られた社を永正元年（一五〇四）当地に奉還した」とある。

韓国とは加羅（新羅）の意である。『神社明細帳』の説明には「始良郡東国分村上井、祭神は五十猛命又の御名韓神曽富理神《からのかみそほりかみ》、大屋彦命」とある。曽富理神（宮中に祭られる）は新羅の首都である徐伐と係わりのある神名である。「ここは韓国があった所で、国分の諸古記には、韓国大明神は韓国の父神、韓国の母神などを祀ったと記されている。天孫が南九州に降臨した時にはこの地には既に新羅から移住した熊襲族により創られた韓国（新羅）があった」と李炳銑『日本古代地名の研究』は説明している。

始良郡は中世まで、始良《しら》郡と呼ばれ天正の検地（十六世紀）の頃には新羅郡であった。国分市の北方にある韓国岳は霧島火山群の最高峰である。韓国岳と韓国宇豆峯神社があるこの地は韓国といわれ、新羅系の渡来人が建てた国である。この地域は紀元前後頃にはすでに『魏誌』に登場しているので、先住の新羅系の人々がいて祖神を祭っていたであろう。『延喜式』には大隅国曽於郡三座として、韓国宇豆峯神社が大穴持神社とともにある。境内社の韓国神社は出雲の日御碕神社（素戔嗚尊）の西側の韓国山の麓にもあった。

五十猛命を祭る剣《つるぎ》神社

神社は旧国分市敷根塩入にある。韓国宇豆峯神社の東を流れる検校川が鹿児島湾に注ぐ河口にある。祭神は宇豆峯神社と同じ五十猛命。この地は「昔、下川内の一帯は楠の巨木が埋没していた…ここには昔、日本武尊を祭る剣神社があり境内には楠の巨木の森…検校川の洪水にあって埋没した。…御神体は敷根海岸に漂着したので、そこに新しく剣神社を建てたといわれている」（『国分郷土誌』）。敷根の名は、昔ここに上陸した日本武尊が高橋川の橋を渡り剣岩のところに出て、木の板を敷いて寝たことに由来するという。この岩で剣を研いだ。剣岩の下には舟をつないだ舟石があったが大隈線開通のときに破壊されてしまった（『国分郷土誌』、福山教育委員会ほか）という。『三国名勝図会』に「劔大明神社…奉祀韓国神社、会祭日本武尊…勧請の年月詳らかならず。本社より丑寅の方六七町に剣厳という峭厳あり…劔岩、又は日本嶽、或は宇豆の峯ともいふ…当社はその厳頂にありて石祠立ち、拝殿は厳下の平地にありしとぞ」（『国

五十猛命を祭る剣神社

分郷土誌』）ともいう。境内に大きな「劔岩」と標記された岩がある。古くから敷根郷の鎮守神として崇敬された。境内は錦江湾に近い。拝殿は入母屋造。拝殿の背後に瓦葺流造の本殿。当社と韓国宇豆峯神社との中間に大規模な縄文時代の遺跡がある。

彦火火出見命と妃を祭る鹿児島神宮

瓊瓊杵命は霧島神宮、鵜葺草葺不合命は鵜戸神宮、彦火火出見命は鹿児島神宮に祭られている。彦火火出見命の陵は高屋山陵（霧島市溝辺町麓・前方後円墳）、鹿児島神宮と一本道でつながっている。祭神は彦火火出見命（山幸彦）と同妃豊玉比売命である。相殿は仲哀天皇、神功皇后、応神天皇、中比売命。彦火火出見命は筑紫の国の開拓の祖神で、この地に高千穂宮（皇居）を営んだという。『鹿児島神宮史』、『神宮由緒略記』などによれば、当社は全国正八幡の本宮であり、元々の地は鹿児島神宮の北東約三〇〇ｍの石体宮《しゃくたいぐう》（現存する）といわれ、彦火火出見命（日子穂々出見命）の高千穂宮跡と伝えられ、石を御神体としている。欽明天皇の代に八幡神が垂迹した場所といわれる。

私が見た八幡宮では対馬が最古の神社であったが、この地も発祥地という。

鵜葺草葺不合命を祭る鵜戸神社

命の御陵は吾平山《あいらのやま》（鵜戸山）の岩窟の中にある。岩山陵であり新羅の文武王の墓を思わせる。前面は姶良川。両岸は切り立った崖。大隅半島の南部、肝属《きもつき》郡吾平町鵜戸《うど》（現鹿屋市）である。鵜戸神社は御陵の手前にある。祭神は鵜草葺不合命。相殿に玉依姫命、五瀬命、稲飯命、三毛入野命、神倭磐彦命。神像は六体の木造座像。

『吾平町誌』によれば、古代の吾平は始羅郷、始羅郡であった。白尾国柱『神代山陵考』や『町誌』は「大隅国始羅郡は始羅郡の訛りなるよしは…寛文四年大隅国知行目録に始羅郡と在るによりて…享保二年の目録を始羅郡と記しつるを始羅は訛なるよしにて始羅郡と改まりしよし旧藩の記録に詳なり」と説明している。江戸時代の記録には始羅郡、しらのこほり、とある。明治に、始良郡に変えたが、終戦後、始良郡に始良町が誕生したため、吾平に変えた。鵜葺草葺不合命の座した地が始羅であり、始羅は斯羅、新良、新羅である。これらの地方が大和政権に服属していくのは七世紀末頃と考えられるので、高千穂神話は大和政権が南九州を服属させていく物語化である。南九州には北九州と同じく海洋民族（阿多氏）が居住していた。

第五節　近江国の新羅神社

古代の近江は若狭などの日本海地方を経由して入る文化と瀬戸内海から大阪湾、淀川を経由して入る文化の交差点であった。いずれも海人族であったと思われるが、天日槍や都怒我阿羅斯等、素戔嗚命やその一族などが秦氏とともに混在した地域であったので古くから渡来文化が根づいていた。

(1)　湖北（琵琶湖の北）の新羅神社

湖北の古墳群は四世紀のものが多いといわれている。高月町（現長浜市）から西野山丘陵に沿って一二八基の古墳がある。これらの被葬者は湖上の航海や漁猟に従事の人々を支配した海人の安曇族であったといわれ、浅井町（現長浜市）の草野川周辺の古墳は秦氏、錦織氏、桑原氏などの築いたものとされている。朝鮮半島で出土している子持勾玉がこの地域でも発見されている（『余呉町誌』）。

滋賀県最北の町「余呉町」は福井県の今庄町や敦賀市に隣接する北国街道の町である。「余呉」の地名は古くは「余胡」「余湖」「余郷」「余戸」といわれた。「余」は「吾」とか「おのれ」を意味し、「胡」は異民族または外国から渡ってきたものを指すという。したがって「余呉」は「吾は外国から来た異民族である」という意味（『余呉町誌』）。余呉町には天日槍塚がある。この天日槍は淀川を遡ったか、日本海沿岸地方から入植したか不明であるが、いずれにしても「天日槍」を中心とする新羅系の人々が住んでいたことは確かであろう。『紀』は淀川から入ったと記載している。旧余湖村の中之郷には八戸という地名もある。青森県と係わりがあるのだろうか。

中之郷の鉛錬比古《えれひこ》神社

神社の説明板に「祭神は大山咋大神」「相殿神・天之日槍之命」とあるが、本来は新羅の王子「天日槍」が主神であろう。白木明神といわれる新羅明神。鉛錬比古神社の社名の「鉛錬」は「白粉」で新羅の宛字、あるいは新羅の官職の一つ「奈麻礼」からきたともいわれている。「伝承によれば当社の創祀は崇神天皇の時代といわれ天日槍の部族がこの地に在住し余呉湖の地狭の地を切り開き水位を低下させ農耕地を造成した」という。神社の湖寄りの場所に「大将軍」や「日槍屋敷」の地名もあり「天之日槍塚」なる古墳がある。「江連《えれ》宮比槍塚」とも書いてある。「鉛錬比古」は天日槍族の一首領であったともいわれている。神社は神体山の麓にある。本殿の奥には大きな磐座がある。奥之宮は、池ケ谷の龍神を祭るといわれている。神事の「倭《やまと》踊」が珍しい（『余呉町誌』）。

川並の新羅《しらぎ》崎神社

余呉町川並の集落は余呉湖の西側の山裾にある。神社は集落の高台にある。北野神社と並んでいる。新羅崎神社はかつては川並集落のはずれの余呉湖の白木崎に面した白木森（新羅崎森）の中にあった。明治の政令により北野神社に合祀となった。新羅崎神社の跡地（白木）には新羅崎神社の碑が建っている。こ

湖北の新羅神社、新羅崎神社跡地（余呉町川並）

の神社も古代に余呉を開拓した天日槍を祭神としているので鉛錬比古神社と通じるものがある。新羅岐（新羅崎）の明神は白木の明神ともいった。日槍族が余呉湖畔の景勝地に祖先を祭ったのであろう。「白木《しらき》は新羅《しらぎ》に出でしもの、上古日本海を往来して三韓新羅との交流ありし跡である」（『伊香郡神社史』ほか）。余吾町の桐畑長雄の『江州余吾湖の羽衣伝説』とその資料集の中の「北野神社、新羅神社の由緒」に「『梁塵秘抄』の歌謡『伊香。具野の余呉の湖、しがの浦（菅の浦）に新羅が建てし持仏堂の金の柱』は渡米人が白木森に祖先を紀った意味か」とあり、さらに同じ資料の「子安の地蔵」の項に「もと新羅崎森にあった白木山聖観音菩薩は柔和なお顔、法衣は荒い彫り、体に渋が塗られて落ちついたお姿である」とある。新羅崎神社跡地のすぐ下の余呉湖畔に「菊石姫と蛇の目玉石」の石塚があり、神社に伝わる伝説がある。

この伝説と同じような話が余呉湖のはるか南、琵琶湖の西岸にある園城寺（三井寺）にも伝わっている。両者に共通するのは水と龍、龍女の目玉が消えて鐘が登場することである。海人族から天孫族への移行を示すものであろうか。平成八年（一九九六）島根県加茂岩倉遺跡で三十一個の銅鐸が発見されたが、その内二九号のつり手には目のような円形模様が見つかっている。目は日月とされ農耕のシンボルとみられるという。前者には雨乞いと龍神伝承も含まれている。

神社の境内に「社務所建設」に係わる川並の氏子の奉納者名が書かれていた。その中に「奉白木神社坪鈴卮年桐畑忠和」と記入した札があった。この札によれば当社は、白木神社ともいわれたことがわかる。毎年四月一日には「しらき祭」が行なわれ「菊石姫の枕石」に祭られる「蛇の神」に感謝している。川並には天女伝説・雨乞踊唄・名木踊がある。名木の起源ははっきりしないが、天女伝説と名木の地名および神社は丹後地方にもある。これらは渡来人の娘と土着の人との結婚話がこのような伝承になっていったといわれる。天女とは、天《あま》（海《あま》）から降りてきた女、即ち海を渡ってきた女（海女）を指す。

天日槍について

天日槍は垂仁天皇（御間城《みまき》天皇の子）の時代に新羅から九州の伊都国に着き、次いで播磨に行きさらに宇治川を遡って近江の吾名邑《あなむら》にしばらく住み、若狭を経て、丹後から西に進み但馬国出石に居を構えたといわれている。天日槍は湖東地方に勢力を持つ物部氏と知り合い、物部氏の前津耳の女、麻多烏《またぶ》を娶って縁戚関係となる。息長宿禰が天日槍五世の孫葛城之高額比売《かつらぎのたかぬかひめ》を娶って生まれた子が息長帯比売（神功皇

湖北の新羅神社、天日槍塚（余呉町）

后）である。天日槍一族の血は日本の豪族たちと縁戚関係を結びやがて皇族と結ばれ、但馬に出雲と並ぶ勢力を築いたといわれる（『余呉町誌』、今井啓一『天日槍』ほか）。天日槍の天は「あま」であり「海《あま》」でもある。天日槍は「新羅からきた日槍」である。天日槍を祭る神社は天日槍が通過した北九州、近江、若狭、丹後、但馬、播磨などに見られる。

(2)　湖北西岸の新羅神社

古代の琵琶湖北西部には三尾氏がおり、三尾郷があった。高島郡安曇川《あどがわ》町（現高島市）のあたりである。三尾君氏の拠点である高島郡は元々安曇川町と高島町である。高島郡は若狭の遠敷郡と隣接している。近江の「安曇」は「あど」と読むが、一般には「あずみ」といわれる。安曇は志賀《しが》や和邇《わに》と同様に海人族を統率する氏族名である。この地には海人族の痕跡が多い。アドもアズミも海人族を意味する。筑前の海の神である「安曇磯良《あずみのいそら》」は「阿度部磯良《あどべのいそら》」とも記されている。高島郡の安曇族は日本海の敦賀湾や小浜湾を経て来たものであろうか、あるいは難波の安曇であろうか。安曇の海人は安曇川の丘陵地を本拠としていたが、これより南の三尾君と対立していたといわれている。六世紀初頭には安曇氏の主流が、ここから姿を消してしまう。大和政権に組み込まれ河内へ移動したのであろうか。あるいは三尾氏に滅ぼされたのか。『万葉集』にはすでにアドが「吾跡」「余跡」と宛字されていて安曇の字が用いられていない（『安曇川町誌』『高島町史』ほか）。

湖上に鳥居を持つ白鬚神社

琵琶湖の中に白鬚神社の大きな赤い鳥居が見える。『社記』には「祭神は猿田彦命。別社名を白鬚明神、比良明神《ひらみょうじん》という。創建は不詳。垂仁天皇二五年、皇女倭姫命社殿を再建、天武天皇白鳳二年（六七四）勅旨を以って比良明神の号を賜る…」とある。『日本三代実録』貞観七年（八六五）正月の条に「近江国無位比良明神に従四位下を授く」とあるので、古くは比良明神と呼ばれていたことがわかる。福井県今庄の白鬚と同様にこの白鬚は新羅であろう。比良は斯羅《しら》であり新羅《しんら》である。『七大寺巡礼私記』東大寺縁起に良弁僧正の前に現れた老翁が「我是当山の地主、比羅（良）明神なり」と言ったという記事がみえる（『高島町史』）。比良は新羅に通じる（ＳＨＩＲＡからＳが欠落したもの）。本殿の背後は山陵で天の岩戸と称され古墳になっている。「白鬚神社古墳群」（横穴式石室）と巨岩の磐座がある。神社は古墳の前にあるので祖神廟として祭ったものであろう。

本殿裏の末社に「高良《こうら》宮」がある。高良社は久留米市御井町にある大社である。高良玉垂命、豊比売命が主神である。豊比売は豊玉比売または比売語曽神といわれている。三尾氏の拠点が近江の三尾郷と越前の水尾郷であることは同氏族が日本海および琵琶湖の水運に係わっていたことを示している。先住の人々が安曇の海人族であったということは、白鬚神社も元は海神を祭る神社であったのであろう。三尾郷は継体天皇と係わりが強く、母・振媛の「安産もたれ石」と「三尾神社旧跡」、父親の彦主人王御陵などの遺跡が残っている。この神社は謡曲「白鬚」で有名である。

(3)　大津市の新羅神社

大津の名は桓武天皇が平安遷都後、古津を大津と改称したことによるもの。大津京時代は唐崎のあたりが「志賀津」で、古代の大津は唐橋に近い「粟津」であった。高島郡の南に滋賀郡がある。『和名類聚抄』によれば平安時代の滋賀郡は真野郷（志賀町、真野、堅田町、小野、和邇）、大友郷（大津市坂本から南滋賀町）、錦織郷（大津錦織町から西の庄）、古市郷（瀬田川西岸の大津市膳所、粟津、石山一帯）の四郷である。このうち真野郷には和邇氏の祖天押帯日子命《あめおしたらしひこのみこと》の後裔が栄えたという。

大友氏族は大友郷名に因むとされ、壬申の乱で敗死した大友（伊賀）皇子の名も同様である。大友は大伴とも書かれ、三井寺の別当であった「大友黒主」を祭る神社は「大伴黒主神社」となっている。大伴氏は天忍日命《あめのおしひのみこと》の後とある（天孫降臨の条）。大伴氏は物部氏と並ぶ古い豪族であるが、六世紀初頭の任那四県の百済への割譲で失脚する。北の真野郷は天皇家の姻戚・和邇氏族、南も古くは海神族、後に漢人氏族が住んでいたようである。大友、錦織の郷には高穴穂宮跡、崇福寺跡、穴太廃寺跡、南滋賀廃寺跡、唐崎神社、宇佐八幡を勧請した宇佐山などがある。大友郷の坂本三津に三津首《みつのおびと》、穴太に穴太村主《あのうのすぐり》、滋賀里から南滋賀に大友村主が居住していたようである。錦織郷には錦織村主、大友村主が居住し園城寺（古代の大友村主《すぐり》氏の氏寺があった）や大津宮跡などが存在する。大阪の河内地方にも、錦織郡や大友郡があり錦織神社がある。同族がいたのであろう。古市郷には大友但波史《おおとものたんばのふひと》のほか上村村主、大友村主などの居住があった。雄略天皇の頃（五世紀後半）に渡来系の人々の再編が行なわれ、近江の滋賀郡でも多数の漢人たちが和邇氏の統率下に入り、空いた大友・錦織郷には穴太・大友・錦織などの「質の高い」漢人系氏族を編貫したという（水野正好『古代を考える・近江』ほか）。

別保の新羅神社

別保は御殿ヶ浜の近く、旧古市郷であろうか。神社は瀬田の唐橋（韓橋）と石坐《いわい》神社（祭神・豊玉毘古命《とよたまひこのみこと》、海津見神、彦坐王命、天智天皇、弘文天皇、伊賀采女宅子媛命）の中間にある。若宮八幡宮の境内社であるが鳥居も門も別で若宮八幡宮と並んである。若宮八幡宮は天武天皇勅願で白鳳四年（六七五）宇佐八幡の神託で応神天皇の子仁徳天皇の木像を下賜し創建。この浦（湖辺）での殺生を禁じたため、「特別の浦」—別浦といわれ、後に別保となったという。しかし、ここは、かつて園城寺の別所があったところから別所の浦といわれたという説もある。天武天皇は壬申の乱で甥の大友皇子と大友皇子軍をこの粟津野で全滅させ、皇位についたものの民の怨恨は消えず、自らも皇位簒奪の暴虐非道の罪業の心を消すために八幡神を勧請、森八幡宮として祭った。後、若宮八幡に改称（『若宮八幡神社』ほか）。若宮八幡の宮司は創建当初は天武天皇の勅命により佐伯連広足であった。明治九年からは現在の西村家である。

一方の新羅神社は足利尊氏が三井寺から奉遷したという。尊氏は南北朝対立の時、後醍醐天皇を散々苦しめ後醍醐天皇は尊氏を恨み吉野で憤死したので、後醍醐天皇の冥福と罪障消滅のため天皇崩御の後に、京都に天龍寺を建てたが心穏やかならず、それから三年後に、天武天皇にならって別保に新羅明神を祭ったのが起源といわれている。祭神は素戔嗚命である。この神は仏教では新羅善神といわれている（『若宮八幡神社』ほか）。当社は別保二区（上別保）に飛び地境内社の八坂神社を持つ（旧祇園牛頭天王社）。祭神はもちろん素戔嗚命である。

さらに新羅神社は飛び地境内社を南の園山《そのやま》に持つ。園山は標高一五〇m余りの丘陵であり現在は東レ工場の敷地である。この山は古墳といわれ、山の上に四社の稲荷社があり東南の斜面には十二基の横穴式石室の円形古墳がある。開化天皇の第三皇子彦坐王の子孫、治田連《はるたのむらじ》一族の墓といわれている（『若宮八幡神社』）。園山は新羅に係わる、ソの山の意であろう。

(4)　長等《ながら》山《さん》園城《おんじょう》寺《じ》（三井寺）の新羅神社

三井寺のある長等山麓に長等《ながら》神社（天智天皇の勅により大友皇子が、都の鎮護として、長等山岩座谷に祭ったといわれ三井寺の境内社であった）がある。素戔嗚命を祭っている。三井寺には早尾、三尾など渡来系の神社があったが明治の政令で分離されたものが多い。新羅神社は寺の守護神である。この社寺は渡来系氏族と深く係わっているといわれている。三井寺は大津京の四大寺の中で唯一現存している寺であり、新羅系の天皇といわれた天武天皇勅願の寺でもある。さらに、比叡山延暦寺第五代天台座主智証大師円珍が天台別院として独自の教義を伝えた。この寺の守護神は源氏の守護神ともなった。園城寺と新羅神社の由緒の解明の困難さは寺が百済系氏族の氏寺といわれ、神社は新羅系で百済系氏族より古い居住と考えられるということである。さらに大津京が壬申の乱で敗者となったために古代の文献や資料がないことである。

園城寺（三井寺）について

園城寺が『紀』に登場するのは、天智天皇九年（六七〇）の条に「山の御井《みい》の傍《ほとり》に、諸神《かみたち》の座《みまし》を敷きて、幣帛《みてぐら》を捧げられた」が初見である。御井は現在の金堂の脇にある閼伽井《あかい》である。この御井は若狭の「若狭井」（お水取りの井）につながっているといわれている。「園城寺は大友皇子の子、大友与多麻呂が父大友皇子（弘文天皇）の死と戦死の兵を弔う為と仏法を護るために天武天皇一五年、朱鳥元年（六八六）に創建しその孫大友夜須良麿等が寺を継承した」（『園城寺伝記』）という。園城寺の縁起は、どの文献もほぼ同じ内容である。『本朝続文粋《ぞくもんずい》』や『扶桑略記』によると、天智天皇が大津の地に都を遷したとき、長子大友皇子は長等山東麓の地（現在の園城寺の地）を邸宅地とした。この地は広大・平坦にして景勝の地で清らかな泉水が湧き出たため、ここを御井と名づけた。その後まもなく大友皇子は壬申の乱で敗死したが、その子大友与多王がこれを継ぎ、父の菩提を弔うために荘園、城邑をことごとく寺地とし、さらに祖父天智天皇によって建立された崇福寺《すうふくじ》の堂舎を移して園城寺を創建した。また、その後天武天皇が、大友氏が荘園、城邑を捨てて寺としたことに因み「園城」の額を与えて勅願の寺とし「弥勒如来」を本尊として安置したという。『寺徳集』には「天智天皇崇福寺を建て、天武天皇園城寺を建つ、いま両寺を合わせ、園城寺において御願を執行す、両寺同じくこれ教待和尚練行の処、智証大師経行の地なり」とある。しかしそれ以前に渡来系氏族である大友氏族の氏寺として存在したといわれている。あるいは秦氏族かもしれない。しかし壬申の乱で敗者となったので、大友氏の荘園・城邑は大津京とともに破壊されたであろう。『扶桑略記』は天智天皇は園城寺のある場所に崇福寺を建立したとあるが天智の建立の寺であれば、当然乱の際に破壊されたであろう。

古代の琵琶湖の西岸は新羅系の氏族の居住地であったと考えられ、安曇郷から滋賀郡にかけてはそれらの遺跡が残っている。穴太、大友、錦織の村主らは、はじめから志賀津周辺にいたわけではなく、一度定着した大和や河内から国家の企てによって、その後この地に配置された（水野正好『古代を考える・近江』所収の山尾幸久「大津宮の興亡」）とすれば、大津京以前に新羅の人々が新羅の神を祭っていても不思議はない。先にも記したが雄略天皇の時代に和邇氏を真野郷に移し、特に大友、錦織郷の地に穴太、大友、錦織氏らを編入したといわれている（五世紀後半）がその頃は「御井の寺」であったかもしれない。大津京以前から存在した新羅神社の神宮寺として、御井廃寺跡に天武は敗者の菩提を弔うために大友氏族の寺の建立を許可し「園城寺」を護らせたのではあるまいか。

その後九世紀中頃まで、渡来系の氏族大友村主氏一族が園城寺を彼らの氏寺として守った。貞観八年（八六六）智証大師円珍により三井寺として再興された。天武の許可した寺の名称の「園城《おんじょう》」の「園《その》」は「ソノ」である。「ソノ」の「ソ」は新羅の首都「徐羅伐《そらぶる》」（徐伐、慶州）から「羅」が脱落して「徐」となったものであり、「首」、「斯羅」の意味である。「伐」は城邑の意味であるので徐羅伐は首城、首邑すなわち「都」であることは前にも述べた。従って園城寺は、「園城《そのき》の寺」で「新羅の城」となる。園城寺の境内は今も城跡であるが、古代には琵琶湖が境内の東側にまで及んでいたので、長等山裾に築かれた城邑であったであろう。大正十五年（一九二六）の金堂修理に際し、白鳳時代の古瓦が出土して天武天皇の時代に存在したことの信憑性が増した。また、大津京以前の寺院の一つといわれる穴太《あのう》廃寺跡からは六三〇年に比定できる庚寅銘を持つ文字瓦が出土している。

園城寺（三井寺）の新羅《しんら》明神

新羅神社はかつて三井寺北院の鎮守であった。北院は明治時代に陸軍に没収され、太平洋戦争後はさらに縮小し今は新羅神社とその森が僅かに面影を留めている。大友皇子の御陵の前にある新羅神社は、大きな石の鳥居と広い参道を持つ。参道の周囲には山城のような石積みの壁が続いている。奥の森の中に国宝の本殿がある（足利尊氏の建立）。大きな石の碑があるが字が風化している。「新羅社墓□」とある。新羅神社については智証大師円珍の入唐求法の帰朝の際に船中に現れた仏教守護の神、航海安全の神としての有名な伝承がある。これについて佐伯有清『円珍』は、「円珍は博多―琉球―中国連江県という航路を通り、長安で法全に学び、五台山に登り、再び明州から唐商李延孝の船で帰っている。これを見ると円珍と新羅の関係は見られない。航路も東シナ海を渡っているのでこの『新羅明神の円珍帰朝譚』の伝承は事実ではなく、園城寺の創立以前に氏寺としていた大友村主氏が信仰していた氏神である新羅明神が後世になって円珍の話に結びつけられたもの」と指摘している。大友氏族は一般には百済系といわれているが、当地には秦氏族が古くから居住していた。その後百済系の氏族が入植したと考えられる。大友皇子も、元々は伊賀の皇子であり伊賀の竹原氏は新羅系の氏族である。さらにこの地は古代には天日槍の通過があり、おそらくその一族は当地にも居を定めたであろう。湖北の余呉と同様な状態であったと思われる。

さらに、円珍と新羅との関係を見ると、円珍は長安で田口朝臣円覚禅和《えんかくぜんか》と会い、円覚の尽力で新羅の人雲居《うんこ》和尚の房に世話になっている。また、『新羅大神記』には次のように記載されている。「明神他国従吾朝遷給う。御本意一非繁多なり。大師大唐法全大師従三種悉地秘法を受、神又御在位時、玄超阿闍梨従彼秘法を受、新羅国の保寿寺玄超者善無畏三蔵弟子、恵果和尚師範也、三種悉地付浅略深秘有、大師独深秘上深秘伝…」。これによると新羅明神が異国から日本に来た。また新羅明神は新羅保寿寺の玄超から「三種悉地法」を受けた。玄超は善無畏三蔵の弟子で恵果（青龍寺）の師である。法全は恵果の弟子で円珍の師である。三井寺の『寺門伝記補録』には新羅大明神の大に点を加えて使うとされている（後三条天皇の宣命による）。「新羅太神は素戔嗚命なり、その子五十猛命を師いて新羅の国に降り至り曽尸茂梨の処に居す…」と記述し、太神にはいくつかの名があることを述べている。さらに垂迹神も非常に多く「摩多羅神、牛頭天王、朱山崧嶽、武塔神、祇園三座（牛頭天王、婆利女、少将井）。牛頭天王は素戔嗚命又は武塔神を示し、婆利女は南海龍女である。少将井は稲田姫。備後風土記に北海の武塔神南海の龍女に通う、深津の郡に在す須佐能の神の社なり。五十猛命は南海龍女の子か」と記している。

いろいろと示唆に富む。おそらく素戔嗚命や五十猛命に係わる伝承が多くあったものと思われる。南海龍女は豊玉姫命であろうか。『備後国風土記』の伝承は、彦火火出見命と豊玉姫命を思わせる。三井寺の新羅神社の素戔嗚命は北九州や出雲と同じ頃と思われる。「神仏図会」には五十猛命は近江の新羅大明神と記されている。『延喜式』によれば宮中で祭る神に園併韓神三座ありとある。園神は曽保理神（新羅の神）である。「園」という地名は大津市の南「粟津町」の隣り一帯が「園山」であり、南には「多羅川」（多羅は加耶の一部）がある。志賀郡の古名は「新羅郡」あるいは「曽の郡」であろうか。湖西は新羅系の渡来氏族の集落が多くありその中心に彼らが祖廟を祭り（後世、新羅社）、仏教が入ってからは新羅寺を建立したのであろう。「園城《そのき》」は「園《そ》の寺」である。園城寺にある早尾《そお》神社も同じである（祭神は素戔嗚命、船神、はやお、そうお、と言われた）。新羅神社の境内には地主神である「火の御子神」の祠がある。「この神の神像の神服は唐製」と言われている。新羅神とともにいずれも異国の風俗を着けているところが渡来氏族の崇拝した神を連想させる。この社寺は新羅系と百済系が混在し、天皇も両系統が係わっているることが由緒を複雑にしているが、このような例は他所にもいくつか見られた。

三尾《みお》神社について

祭神は伊弉諾命であるがこれは後世のものであろう。かつては三井寺の境内に上、下の三尾神社があったが、明治時代に下の三尾は独立して三尾神社となっている。しかしこの三尾と早尾神は智証大師が崇福寺の護法善神となす、と『弥勒伝』に記している。この両神は霊地の地主神として古くから存在したものであろう。『寺門伝記補録』には「太古いざなぎ尊…長等山に垂れ国家を擁護し、…ついに長等南境の地主神となる。社司は秦氏の胤の臣国より連綿として相継ぐ」とある。三尾（水尾）神社は古くは高島郡安曇川町にあり、開化天皇時代の創建と言われているが、現在は旧跡のみである。

三尾郷のあった高島町にある稲荷山古墳の石棺内には新羅製の金、銅の冠、沓、耳環等の副葬品とともに祭具もあり、新羅系の渡来氏族が居住したことを示している。三尾君氏の古墳とみられているので、三尾氏は新羅系氏族ということになる。大友村主氏はこの三尾明神も守護神としていたが「三尾神社は秦河勝の裔で臣国という者が初めに神職に任じられ…」（『寺門伝記補録』）とあるので、新羅系の秦氏の守護神だったのであろう。したがって先にみた高島郡と同様に古い海人系の渡来氏族が入植していた可能性が強い。

第二章　源氏系の新羅神社

源氏系の新羅神社は源氏の武将源新羅三郎義光を祭神として祭っている。義光は三井寺（園城寺）の新羅神社の社前で元服したことから「新羅」を名乗った。後三年の役の後に新羅三郎義光は甲斐守となり義光の子孫が全国で活躍し新羅神社を勧請し祭っている。祭神は義光に加え素戔嗚命をともに祭っているものが多い。源氏系の新羅神社の総社は三井寺の新羅神社である。元をたずねると渡来系ということになる。

1　山梨県の新羅神社

神社は南巨摩郡南部町にある。祭神は新羅三郎義光である。甲斐国と源氏の関係は源頼信が長元二年（一〇二九）甲斐守に任ぜられた時からであり、義光は頼信の孫、頼義の子である。義光が甲斐守であった年代は明らかでないが後三年の役の後といわれている。『甲斐国志』に「古跡部若神子《わかみこ》のところに、相伝う新羅三郎義光の城蹟なりと云う、村西の山上に旧塁三所あり云々」と記載があるので、若神子（須玉町）のあたりに義光の館があったようである。義光の生誕の年については、天喜五年（一〇五七）とする

新羅三郎義光の墳墓（三井寺）

もの、寛徳二年（一〇四五）とするものなどがある。没年は大治二年（一一二七）といわれている。

南部町南部の新羅神社

神社は南部町南部にある。駿河国に近い。新羅三郎義光の次男、義清は常陸国那珂郡武田郷を領していたが、大治五年（一一三〇）子の清光とともに甲斐に配流された。義清は市川庄平塩岡（市川大門町）に館を構え武田氏の祖となる。義清の三男の遠光（加々美氏）は、加々美庄（若草町、櫛形町で釜無川沿岸の中巨摩郡）に館を構えたが、遠光の三男光行は南部の地に館を構えた。光行は頼朝の奥州征伐に従い奥州糠部《ぬかのぶ》五郡を領した。東北に存在する新羅神社はこの光行（南部氏）とのつながりが深い。遠光の長男は秋山氏、次男は小笠原氏となっている。義清の四男の安田義定は遠江の守護となり子孫も各地で活躍する。また安芸武田や若狭武田は義清の次男信義の子孫である。また義光の長男義業は佐竹氏の祖と

新羅大明神の鳥居（南部町塩沢）

なる。錦織源氏は子孫である。

新羅神社は富士川の西、身延山から続く山裾にある。「南部氏の郷」と表示がある。神社に説明がある。「当社の祭神は新羅三郎義光公を奉斎している。創立は第八十二代後鳥羽天皇の建久年中（一一九〇年代）、甲斐源氏の祖、新羅三郎義光の四代の孫、南部三郎光行が南部の領主であった時、その祖先『新羅三郎義光』の霊廟を建てて神号を『新羅』と称し大明神の勅号を賜り、祭祀する。その後、南部茂時、元時、相継で神祠を奏し累代祭祀を続く。明治維新後一時社殿が荒廃し祭祀を怠ったが今日復活し年々祭事を行っている」（『南部町誌』も同じ）。『甲斐国志』には「南部の新羅明神は村上に在り、往時は大祠にて千余歩の社地なり」とある。

南部町塩沢の新羅神社

「南部氏の郷」より南、やはり富士川の西である。富士川の沖積地がほとんどない山岳地帯。身延山地から続く山の端である。神社のすぐ脇の池には「崖崩れに注意」と書かれた立て札がある。農家の人に案内してもらった。「昔は氏ごとに氏神を祭っていて、新羅神社もあったが明治以降併合してしまい、今ではほとんどなくなってしまった」と言っていた。神社の社殿は森の中にあり森の前には余り広くない茶畑がある。所在地は塩沢字後原《うしろはら》。森の入口の赤い簡素な鳥居に白色の扁額があり「新羅大明神」と書かれている。

『甲斐国社記・寺記』の「明細由緒書」（貞亨年間）には塩沢村分内の「新羅大明神」と記載がある。塩沢村の氏神として祭られていたようである。祭神は新羅三郎である。創建の由緒不明。柳島（塩沢と南部の中間地点）というところにも新羅神社があるといわれて行ってみたが、見つけることができなかった。

2　青森県の新羅神社

青森県の新羅神社は独立している社が三社、合祀されている社が一社ある。いずれも旧南部藩の地域にある。南部地方の新羅神社は新羅三郎義光の孫、遠光の三男の光行が青森県南部の地を拝領したことに起源を持つ。光行は甲斐国南部郷を領地としていたので「南部三郎」と呼ばれた。その南部三郎光行が青森県南部地方の糠部五郡を拝領し、八戸浦に上陸の後、南部町に平良ヶ崎城を築きその後南部氏は盛岡にも居城し近世まで続いた。

八戸市の新羅神社

神社は本八戸《ほんはちのへ》長者にある。この町は寛文四年（一六六四）盛岡南部藩から分離独立した八戸南部藩の城下町である。「長者山」と呼ばれる小高い丘があり、山上に新羅神社がある。麓には八坂神社がある。宮司の柳川浩志氏によれば「長者山は板橋長治なる者が松を植えた松林であった」とか「長者山は古墳であり、第九七代後村上天皇（在位一三三九～六八）の第八皇子の墓である」などの譚があるという。またここには、円光山身延寺《しんえんじ》なる寺があったといわれている。新羅神社の神宮寺であろうか。丘の中腹に南部家の墓所がある。神社の境内地は広い。社殿、本殿を持つ。現在の拝殿は文政九年（一八二六）から十年間かけて完成したもの。入母屋造、鉄板葺。本殿も入母屋造の屋根に葺下ろしの向拝が付く。拝殿の正面に「新羅神社」の扁額。少し奥に「新羅神社」「八坂神社」「金刀毘羅」の額が掲げられ武田菱の幕が垂れ下がっている。祭神は素戔嗚命と新羅三郎義光命の二神、相殿は金刀比羅神社（大物主命）、八坂神社（素戔嗚命）で、祭神は豊受姫命、天照大神、応神天皇など六神。素戔嗚命は「鏡」を御神体とし、新羅三郎義光は木造の座像である（柳川宮司）。

当神社は『八戸藩日記』によれば、「元禄七年（一六九四）八月に直政により三社堂として建立された」。教育委員会の『八戸の社寺建築』には「新羅大明神は源家擁護の霊神として天和三年（一六八三）に勧請されたものである」とある。勧請は藩主の出自を考えると山梨県南部町の新羅神社からであろう。昭和五十一年に長者山新羅神社と改称。

三戸郡南部町の新羅神社

南部光行は建久二年（一一九一）八戸浦に上陸し、家臣七三人を率いて六隻の船で馬淵川を遡り相内（南部町）に到り「平良ヶ崎城」を築いた。「本三戸城」「平良ヶ崎城」「城山」などの「三戸五ヶ城」があったという。南部氏の糠部入りに係わる資料は残っていないが、南部町の南部屋敷跡には南部利康（二七代大守利直の四男）の霊屋がある。

南部町を流れる馬淵川の北側は小高い丘陵地帯になっており「南部館跡」や「本三戸城跡」などがある。神社もこの一角にある。南部町小向字早稲田。参道の入口に赤い両部鳥居がある。神社の横に木柱があり「第二世南部実光公創建」と書いてある。その横に「永福寺跡」があり説明もある。この寺は新羅神社の神宮寺として同じ境内にあった。鳥居には新羅神社の扁額。拝殿、幣殿、本殿がある。外観は白壁の一戸建てのように見える。祭神は素戔嗚命と新羅三郎義光の二神。神社の創建年代は明確でないが、三戸は山梨県の南部氏が入植した土地であり、『南部町誌』によれば「社蔵の由緒書によると、南部光行が糠部下向に際して佐々木治郎左衛門や佐々木治平などに命じて甲斐より遷した」と記載している。当社の創建は一一九〇年代であろう。

上北郡十和田湖町の新羅神社

神社は十和田湖町大字奥入瀬字北向にある。現在は奥瀬という。奥入瀬川に近く十和田八幡平国立公園の山岳地帯に入る手前の町。祭神は新羅三郎義光で、社殿は古くは山の上（岩の多い山）に鎮座していたが今は麓に祭っており、新羅三郎義光の館跡に建立したと伝えられている。神殿には剣を持った新羅三郎義光が街を見下ろしている絵があったとのことであるが、火災により資料共々焼失してしまったという。創建年代不詳。古くは寺もあったという。

十和田湖町の教育委員会の資料に「十和田湖町にはかつて「奥瀬館」「沢田館」「芦名沢館」「三日市館」などの館が存在した。奥瀬館は上川目部落の南側の丘陵に所在し、郭内に井戸跡といわれる窪地がある。築城年代不明。慶長三年（一五九八）の館持支配帳には「奥瀬館千石奥瀬内蔵之介」とある。また新羅神社は祭神新羅三郎義光、建久二年（一一九一）の創建と伝えられる。奥瀬館の館神として祀られたものと言われている」とある。

当地方も糠部地方である。神社の境内は山の麓から中腹まで続いている。長い参道の石段や社殿は古いが立派なものである。赤い両部鳥居と木造の社殿。拝殿には、龍・鳳凰・鶴などの彫刻が沢山ある。垂れ幕の紋は遠光の次男小笠原氏のものである。村井宮司は盛岡や角館などで新羅神社の話を聞いたと言っていた。探したが見つからなかった。

櫛引八幡宮に合祀の新羅神社

八戸市の南、八戸市八幡にある。当社は盛岡南部藩の総鎮守「南部一宮」「奥州二宮」といわれる。大きな森の中の華麗な社殿。合祀殿（大国主神社）が本殿の右にある。合祀殿の扁額には十四社名が記されている。「斯和神社」（諏訪）「大国主神社」「新羅神社」「猿田彦神社」など。櫛引八幡宮の創建は『櫛引八幡宮縁起』によれば南部家初代光行とされている。父加賀美次郎遠光が甲斐国南部郷に仁安元年（一一六六）に祭っていた八幡大明神を家臣津島平次郎と天台の沙門宥鑁《ゆうばん》に命じ、糠部郡に勧請したものといわれている。

合祀殿に祭る新羅神社の本家は不明。当時は境内の東方にあり、三尺に二尺五寸の社に祭られていたという。『新撰陸奥国誌』には「以上十四座の末社共に元文四年（一七三九）の勧請なりと云う。従来国知の修繕なりしかと左はかりの宮殿祠職の造営及び難をはかり後来は相殿に遷すへきやと明治六年五月氏子ともと示談せしのみにて社壇は今に取り毀されは其まま爰に注す又仁安元年当社相殿に祭れる仏躯並に八幡大菩薩と彫たる銅鏡五面は同五年五月県庁に送て今はなし」（八幡宮宮司営田新三郎氏）という。

『櫛引八幡宮』に記された「社誌」に中世の山梨県南部町の地図が載っており大きな富士川、南部氏館跡、新羅宮とその森、妙浄寺、諏訪宮とその森などが描かれている。当社が山梨県南部町と深い係わりがあったことを示している。盛岡の城も、三戸の城も本格的に築いたのは二十六代南部信直である。信直は南部氏の嫡家であるので当新羅神社も三戸郡南部町の「新羅神社」と同根であり、創建も一一六六年から一二二二年頃のものと考えられる。

三八城《みやぎ》神社

八戸市の八戸城本丸跡には三八城《みやぎ》公園がある。三八城は三戸郡の八戸城という意味であるが、ここに三八城神社がある。新羅三郎義光と八戸南部藩の初代藩主南部直房を祭神としている。社伝によれば、元禄二年（一六八九）に新羅三郎義光を邸内に勧請し、新羅宮と称したのが始まりといわれている。現在の呼称は明治七年に改めた。

3　青森県を除く東北の新羅神社

奥州南部氏や源氏の勢力は秋田県にも及んでいたというが、山形県南部の東置賜郡の「新羅神社」、福島県の相馬地方の新羅明神、宮城県柴田郡には新羅三郎義光や新羅系渡来人と縁の深い地方がある。

(1)　山形県高畠町の新羅神社

神社の所在地は東置賜郡高畠町である。高畠町は山形県南部の置賜盆地（米沢盆地）の東端にあり、最上川の上流である。この地方の歴史は古く、石器時代から古墳時代までの遺跡や古墳が見られる。神社は奥羽山脈の南端に位置している。高畠町の北東に「県立うきたむ風土記の丘」があり、その北側の山麓である。東西に伸びた丘陵地帯の山裾に東から西にそれぞれ一㎞くらいの間隔で、八幡神社、賀茂神社、新羅神社が並んでいる。神社の前は古代の街道が通っていた。街道に沿った三神社を「安久津三宮」と称し、それぞれ源義家、源義綱、源義光の源氏三兄弟を祭っている。

新羅神社と源福寺古墳

これらの山の麓には安久津古墳群と総称されている古墳がある。新羅神社は源福寺古墳の前にある。賀茂神社は賀茂山洞窟古墳である。合計で七つの古墳が並んでいるが、古墳は神社とセットになっている。円墳で横穴式石室を持っている。この三宮の中で八幡神社は木造の社殿であるが賀茂神社と新羅神社は石造りの小さな祠である。新羅神社は山裾の三〇～四〇坪の地にあるが、社殿の前の鳥居は石造の古く太いグロテスクな形である。鳥居は湿地帯に埋まり傾いている。柱と笠木が同じような太さである。鳥居や社殿の前は雑草や灌木が生い茂っており、社殿には近づけない。高畠町郷土資料館長の山崎正氏の説明によれば、この種の鳥居は最も古い形であり鳥居は時代が進むにつれて柱が細くなるとのこと。源福寺の鳥居は奈良から平安時代にかけて建立されその後修復されて今に至るという。神社は源福寺古墳の守護神である。

さらに、氏は『続日本紀』元明天皇和銅七年に、尾張、上野、信濃、越後などの国の民二百戸を出羽の柵戸に移住させた、とあることから、山形県には諏訪神社も多く源福寺の鳥居も越と信濃双方の文化の影響を受けたものという。氏の『郷土史私見』によれば「源福寺から祝部土器が出土されているので神を祭るいわさか（磐境）の風習があったのではないかと思われる」（「いわさか」というのは社殿を建てて神を祭る以前に行なわれた祭祀）。源福寺古墳にどのようにして源氏三兄弟が結びついたのかは不明であるが、『神社由緒』によれば「八幡神社は康平年中の前九年の役に源頼義が、後三年の役の際には源義家が本陣を置いた」といわれている。「貞観二年（八六〇）慈覚大師が安久津の豪族の協力を得て阿弥陀堂を建立した。義家はこの阿弥陀堂に戦勝祈願し、後に鎌倉鶴ヶ岡八幡の分霊を祭った」と記されている。しかし、古墳の方が古いのであるいは新羅系の人々が築いた古墳と祖廟があり、その後、源氏の守護神が結びついたものであろうか。山崎氏が当地の古老に調査してくれたところ、「新羅神社は新藤家の守り神だそうです、現在の新しいお堂は明治の頃、新藤家の三家が一両ずつ寄進して建立したものである。以後毎年、一度ずつツット（藁包み）に赤飯を盛る儀式による祭礼が行われている」ということであった。また当地には甲斐の国とのつながりを示す「犬の宮」「猫の宮」にまつわる伝承がある。

白髭神社について

この町には白髭神社が三社ある。いずれも近江からの勧請といわれている。一社は新羅神社から近い。『山形県の板碑文化』によれば「此の白髭神社は白鬚明神で…伊達家の家臣・近江国滋賀郡出身小松某の祖が勧請した…元来同神は大陸から帰化して近江を開懇した氏族の祭神であったものを本地垂迹説から猿田彦に転じたものである。近江国の同神は江若鉄道白鬚駅前にある古社」と説明している。『東置賜郡史』も中川村の白髭神社は「和銅七年（七一四）近江国白鬚神社の神霊を勧請して社殿を建てたもの」としている。

(2)　福島県相馬地方の新羅神社

相馬地方に新羅大明神を氏神とした武将がいた。相馬市教育委員会の佐藤氏の調査によれば、白地に黒字で書かれた一条氏の旗があり『衆臣系譜』によれば「一条氏は鎮守が素戔嗚命垂迹新羅大明神、三井寺鎮守」とあり、さらに家紋は割菱（武田氏の紋）、幕紋は菅である。旗紋は「黒地に白釘抜」「白地に黒で新羅大明神」。菩提寺は西林山真光寺であるとのことである。神社の跡は残っていない。この西林山真光寺は円応寺の末寺とのことであったが、現在の円応寺は火災に遭い資料は何も残っていない。古くは雛鳥《ひなどり》寺と称したが「ひなどり」は火を呼ぶということで、円応寺に改めたという。

(3) 宮城県にある新羅の郷

新羅人供養の碑

宮城県柴田郡に「新羅の郷《さと》」といわれる場所がある。柴田郡には、古代に「新羅三郎義光と義光が連れてきた新羅人」に係わる伝承がある。「新羅の郷」は柴田郡支倉《はせくら》にある。現在の支倉は山の中。日向という地にローマへの使節で有名な支倉六右衛門常長の墓がある。円福寺である。当時は「長谷倉」といわれたようである。多くの人に「新羅の郷」の地を尋ねたが仲々わからなかった。ところが「新羅の郷」は交番の裏約一〇〇mの場所。道路脇の田んぼの手前に「新羅の郷」の立看板があり、傍らに古い大きな石が十個ほど立っている。案内板に「現在支倉の字名がついているが、古くは長谷倉とか、馳倉《はせくら》と呼んだ。それ以前は新羅であったという。永承六年（一〇五一）安倍頼時が平泉によって反乱を起こして勢力を張ったので、朝廷は源頼義、義家父子に征討を命じた。前九年の役である。その折、源氏の武将新羅三郎義光が新羅の帰化人三十七人を率いてきた。二十人は槻木の入間田に、十七人をこの地に住まわせた。支倉に住んだ新羅人は優れた技術を持っていたので、砂鉄を精錬して武器と農具を作って戦役の用に供した。それ以来新羅の郷と呼ぶようになった。それを証明するように、ここ沼の轌《そり》をはじめこの森一帯に金屑が見られ、いつの頃からかこの森の奥に供養碑も建てられている」と書かれている。

文中にある「この森」とは、この説明文の碑の右手にある山である。支倉の十七人の新羅人に砂鉄を製錬させて武器や農機具を作らせた。入間田の二十人には農業に従事させたと伝えられる。現在支倉には西宝田から沼の橇、若張山一帯にかけて製錬跡を思わせる金屑などが処々で見受けられる。新羅の人々の供養塔へ行く途中に鮮やかな赤色の鳥居を持つ「宝田不動尊」があり、その社殿の岩場に小さな滝がある。伝承によれば「前九年の役の天喜年中（一〇五三～五七）に源家の武将新羅三郎義光が転戦中に新羅人を連れて来て〝新羅の郷〟を設け製鉄業に従事させた。製鉄師達は滝の水を活用して製錬を行っていた。以来、この滝は製鉄師達の守護神として大事にされていた」（『川崎市の文化財』）という。山の中の道路が行き止まる手前に「新羅の郷」と書いた白い木柱が立っている。山の中の木立の中に二メートルくらいの石碑と一メートルくらいの石柱が立っている。新羅人の供養塔である。落ち葉に埋もれていた。

入間田地方について

支倉の隣町である。新羅の郷の説明に「新羅三郎義光が率いて来た新羅人の内二十人を槻木町入間田に住まわせた」とあるので村の人々に聞いてみたが、現在、痕跡は残っていない。八雲神社があった。柴田郡の入間田地方が埼玉県の入間地方と関係があるのかどうかもはっきりしない。埼玉県の入間地方は古代に新羅の人々が移された地である。

4 静岡県の新羅神社

遠江国の歴史は古い。大化二年以前は遠淡海国・素賀国・久努国からなっていたといわれる。神谷昌志『はままつ町の由来』は「古い町はいずれも島の字をつけており、江之島村、西島村、松島村、鶴島村、福島村といわれた。この地域は天竜川の河口西岸と馬込川東岸に挟まれ、流路によって島状の地域となっていたために島の名称がつけられた。江之島町は馬込川が入江のような形で北側に入り込んでいるためにつけられた名称であり、往古は天竜川の本流がこの辺りを流れていたことがあるようである」と記す。

浜松市の新羅神社

神社は浜松市江之島にある。遠州灘に面した中田島砂丘（日本三大砂丘の一つ）の後背地。田園地帯の真ん中、松林に囲まれている。馬込川や天竜川が近い。道路に「新羅大明神」と刻まれた石柱が立っている。建物は古い木造の拝殿と本殿。祭神は近江三井寺に鎮座の新羅大明神。江之島をはじめとする旧五島村の鎮守神である。旧五島村は天竜川や馬込川に囲まれて、古代から洪水や流路の変更に悩まされてきた。かつては砂地と湿地帯で、天正十二年（一五八四）頃は浜名郡の二〇％は荒廃地であった。江戸時代初期（一七二三）、普請奉行として小笠原源太夫が堀割水路を構築し、完成後に、近江の三井寺から勧請し新羅神社を祭ったのが当社の創祀である。享保八年（一七二三）。昔の面影はないが、今も土地の鎮守の神として親しまれている。

当社の由来を説明する資料として、小笠原源太夫の記した『新羅大明神祀記』がある。写記したものが浜松市図書館にある。「遠江州長上郡五島新田は、享保八年癸卯三月、浜松城主松平資俊公の家臣小笠原源太夫基長が君命を蒙って開発した。この田畑は、およそ五十余町。新たに運河を掘ること、その長さ三十五町余、その土をもって堤を築き、河の左右に松樹楊柳を植え、河には馬込川の流れを引いて、これを天竜川に通ぜしめ高瀬舟を往来させた」（この運河は「源太夫堀」、堤は「源太夫堤」と名付けられ、物資が天竜川河口の掛塚港からこの堀割を通り馬込川を経て浜松の城下に運ばれたというが、現在は堤の跡が残っている程度）ことを述べ、次いで新羅大明神の創建と勧請について「江州志賀郡の新羅大明神をもって、この地の鎮護神とする」、そして「自分は新羅三郎の孫甲斐守源遠光の子孫であることを述べ、園城寺の鎮守の新羅明神社からこれを勧請して祖神と自分の開発した上地の鎮護を祈った。…享保十一年（一七二六）…」と記している。

なお小笠原源太夫（生没年不詳）については『三〇〇藩家臣人名辞典』（新人物往来社）の浜松藩の項に「浜松藩士。藩主松平資俊に仕える。名は基長。小笠原家は江州の出といわれる。…源太夫及び村民は工事にあたり、この五ヶ村の鎮守神として小笠原家の祖神といわれる新羅大明神を江州志賀郡から勧請した。地理学にも詳しかった」とある。

5　広島県の新羅神社

広島市安佐南区祇園町にある。祭神は「新羅三郎義光の霊」とされている。武田山（四一〇m）の麓である。武田山は武田氏の銀山城が築かれていた。広島市のどこからでも見える。神社の境内からも広島市内が一望できる。新羅神社の西側武田山の中腹に「銀山城主武田氏の墓」の石標と、竹林に囲まれた所に石の積み上げた墳墓が三基ある。境内の説明板に「創建は鎌倉時代後期の正安二年（一三〇〇）安芸国守護職であった武田信宗によって甲斐から勧請された。銀山城落成後も里人が氏神として祭ってきた」とある。一時「新田八幡」と称したこともあったようである。流造の本殿と幣殿、拝殿を持つ。当社の拝殿には武田氏の系譜と神社の由緒が書かれている。「新羅三郎は崇徳天皇大治二年十月二十日七十一歳にて卒す。…」から始まる。さらに事実のほどは不明であるが、源氏と当地方のつながりが仁平元年（一一五一）に源頼信から始まったことや、子の頼綱は可部に本拠を置き可部三郎と言われていたこと、代々水軍を持っていたことなどが書かれている。神社の近くでは、弥生時代中、後期の遺跡（大谷、長う子《ね》、芳ヶ谷遺跡）が発掘されている。

6　香川県の新羅神社

鎮座地は三野町下高瀬。善通寺市の西隣であり、三野津湾に注ぐ高瀬川の下流に沿った町である。社殿は東向き。拝殿の奥に妻入り瓦屋根の本殿がある。鳥居をくぐると石柱が並んでおり一番手前の石柱に「新羅大明神社殿改築　昭和六十三年十月四日」とあるので社名がわかる。世話人や寄付者を書いた記念碑である。祭神は新羅三郎義光。拝殿の垂幕の紋は甲斐の南部三郎光行の兄小笠原長清氏の紋である。同じ紋が青森県十和田湖町の新羅神社にもあった。御神体は長方形の自然石であるという。『下高瀬村誌』

新羅大明神社があった地（松前町）

によればこの石は西浜（神社の近く）南部の明神堀という小さい堀から土地の人が発見したものであるという。

当社の由来について『西讃府志』や『古今名勝図絵』には「弘安年中（一二七八～八七）秋山左兵衛尉光季が当国にきた年に勧請した」とあり、「秋山氏は甲斐の国の人で新羅三郎六世の孫といわれている」。新羅三郎義光の子、義清の三男遠光の長男が秋山光朝である（次男は小笠原氏）。光朝の四世に光氏がいるが光季も同時代頃であろうか。なぜ当地方に来たかは不明である。弘安年中の讃岐は北条氏、隣の阿波国は小笠原氏が統治していた。その後讃岐は足利源氏の細川氏が統治している。

7　北海道・松前の新羅神社

神社は現存せず跡地のみ。松前町の松前城の中に祀られていた。松前藩の城主・松前氏（源氏・新羅三郎義光の子孫）により祀られた。松前藩の『新羅之《しんらの》記録《きろく》』（『松前国記録』、『新羅記』とも称す）は正保三年（一六四六）に近江の園城寺に参詣し、園城寺（三井寺）北院の印を受けて子孫に伝えたもの。巻末に「此巻は新羅大明神の氏子武田の末孫たる狄《いてき》の嶋松前の家譜なり。粤《ここ》に義光朝臣二〇代の後胤景広《かげひろ》参詣の秋、武運長久子孫繁昌を祈る…」とある。松前藩については「若狭国の守護であった武田信賢《のぶか》の子武田信広が渡海し同じく若狭武田出身の蠣崎《かきさき》季繁の婿となり、当時、上ノ国（檜山郡上之国町）の一帯を支配下に納めて、松前藩の基礎を築いた」（福井県立若狭歴史民俗資料館『中世若狭を駆ける』『新羅之記録』ほか）。『松前の文化財』（松前町教育委員会）は「松前の前身蠣崎《かきさき》氏は大舘に住んでいたが五世慶《よし》広の時、姓を松前と改めた…居城を福山台地に築き…」とある。新羅神社の記載は「慶広公の寛永二十年（一六四三）秋、初めて此の国に氏神新羅大明神の御宝殿を建立…八幡宮の東方に遷宮、勧請し奉るなり（慶広の六男の景広の手による）翌正保元年（一六四四）の春には松前慶広の子景広が三井寺の新羅神社に参詣し、新羅大明神の本地仏の文殊菩薩の尊像を造立、松前に勧請。八幡宮の西の方に諏訪大明神を勧請した」という（『新羅之記録』）。この八幡宮は明治に徳山大神宮（伊勢宮・神明社）に合祀されたので現在は跡地があるのみである。跡地は現在の松前城内の桜見本園である。松前藩の記録『福山秘府』によれば、「八幡宮土居構ノ内西諏訪大明神小社東新羅大明神小社あり、永正十三（一五一五）年大舘に造営。寛永二年大舘より新町に造替え、東ノ方新羅大明神小社、寛永二十年九月松前美作造営、元禄五年造替」とある。

あとがき

「まえがき」に記した如く、本書の起点は三井寺（園城寺）の長吏であった福家俊明氏のご教示にある。当時私は勤務していた銀行の大津支店におり、氏の知遇を得て、新羅神社を訪ねて全国を歩いているうちに、朝鮮半島からの渡来文化の重みを知るとともに、古代史に登場する神々と沢山の出会いをもつことができた。その結果、古代史の魅力にとりつかれ、日本文化の中に残る古代史の痕跡を求めて新羅神社への旅を続けることになった。古代につくられた日本の文化や信仰が現在でも生きていることを確かめる旅ともなった。

本書の刊行にあたって、前著『新羅の神々と古代日本』の記述を全般に見直すとともに前著刊行後に訪ね歩いた多くの神社を追記することができた。またいくつかの神社は割愛させていただいたりした。それでもなお、まだ調査訪問していない神社も多くある。機会を得ればそれらについても記したいと思っている。

神社の調査にあたり、各地の神社の宮司の方々、各地の教育委員会や歴史資料館の方々の協力をいただいた。記して感謝申し上げる。また本書の刊行にあたり、筑波大学名誉教授の大濱徹也氏、日本経済新聞社の原田亮介氏、さらに同成社会長の山脇洋亮氏はじめ同社の方々に種々ご助力をいただいた。心より御礼申し上げる。

平成二十八年六月

出羽弘明

新羅神社《しらぎじんじゃ》と古代《こだい》の日本《にほん》

■著者紹介■

出羽　弘明（でわ　ひろあき）

1939年　山梨県に生まれる。
1966年　北海道大学経済学部卒業。
第一勧業銀行（現みずほ銀行）大津・鉄鋼ビル支店長、
資金部長を経て東京リース株式会社常務取締役。
2002年より東京オートリース株式会社常勤監査役。
2007年～2013年　株式会社叶匠寿庵顧問。
1995年より季刊誌『三井寺』に「新羅神社考」を執筆中。
〈著書〉
『新羅の神々と古代日本』（同成社、2004）
『新羅神と日本古代史』（同成社、2014）

2016年8月5日発行

著者　出羽弘明
発行者　山脇洋亮
印刷　亜細亜印刷㈱
製本　協栄製本㈱

発行所　東京都千代田区飯田橋4-4-8
（〒102-0072）東京中央ビル
TEL　03-3239-1467　振替　00140-0-20618
㈱同成社

ISBN978-4-88621-735-6 C1021